過去問 上・中級公務員試験

# ダイレクトナビ

## 生物・地学

資格試験研究会◎編

実務教育出版

# 「過去問ダイレクトナビ」刊行に当たって

実務教育出版に寄せられる公務員試験受験者からの感想や要望の中には
**「問題と解説が離れていると勉強しづらい！」**
**「書き込みできるスペースがほしい！」**
**「どこが誤りなのかをもっとわかりやすく示してほしい！」**
というものが数多くあった。

そこで，これらの意見を可能な限り取り込み，
**「問題にダイレクトに書き込みを加えて，解答のポイントを明示する」**
というコンセプトのもとに企画されたのが，この「過去問ダイレクトナビ」シリーズである。

## 「過去問ダイレクトナビ」のメリット

★ **問題の誤っている箇所を直接確認できるうえ、過去問からダイレクトに知識をインプットできる。**

★ **すでに正文化（＝問題文中の誤った記述を修正して正しい文にすること）してあるので、自ら手を加えなくてもそのまま読み込める。**

★ **完全な見開き展開で問題と解説の参照もしやすく、余白も多いので書き込みがしやすい。**

★ **付属の赤いセルシートを使うと赤色部分が見えなくなるので、問題演習にも使える。**

……このように，さまざまな勉強法に対応できるところが，本シリーズの特長となっている。

ぜひ本書を活用して，あなたなりのベストな勉強法を確立してほしい！

資格試験研究会

## 試験名の表記について

- 国家総合職・国家Ⅰ種 ………国家公務員採用総合職試験，旧国家公務員採用Ⅰ種試験
- 国家一般職・国家Ⅱ種 ………国家公務員採用一般職試験［大卒程度試験］，旧国家公務員採用Ⅱ種試験
- 国家専門職・国税専門官 ……国家公務員採用専門職試験［大卒程度試験］，旧国税専門官採用試験
- 裁判所 ……………………………裁判所職員採用総合職試験，裁判所職員採用一般職試験［大卒程度試験］（旧裁判所事務官採用Ⅰ・Ⅱ種試験，旧家庭裁判所調査官補採用Ⅰ種試験を含む）
- 地方上級 …………………………地方公務員採用上級試験（都道府県・政令指定都市・特別区）
- 市役所 ……………………………市役所職員採用上級試験（政令指定都市以外の市役所）
- 警察官 ……………………………大学卒業程度の警察官採用試験
- 消防官 ……………………………大学卒業程度の消防官・消防士採用試験

## 本書に収録されている「過去問」について

❶ 平成９年度以降の国家公務員試験の問題は，人事院等により公表された問題を掲載している。地方公務員試験の一部（東京都，特別区，警視庁，東京消防庁）についても自治体により公表された問題を掲載している。それ以外の問題は，受験生から得た情報をもとに実務教育出版が独自に編集し，復元したものである。

❷ 問題の論点を保ちつつ問い方を変えた，年度の経過により変化した実状に適合させた，などの理由で，問題を一部改題している場合がある。また，人事院などにより公表された問題も，用字用語の統一を行っている。

❸ 本シリーズは，「問題にダイレクトに書き込みを加えて，解答のポイントを明示する」というコンセプトに合わせて問題をセレクトしている。そのため，計算問題や空欄に入る語句を選ぶ形式の問題などは，ほとんど収録されていない。

**知識分野で捨て科目を作る前に要チェック！**

平成24年度に国家公務員の試験制度が変更され，「国家Ⅰ種」は「国家総合職」に「国家Ⅱ種」は「国家一般職」のように試験名の表記が変更された。その際，教養試験は**「基礎能力試験」**という名称に変更され，知識分野の出題数がそれまでより減っている。

しかし，これは選択解答から**必須解答に変更**されたもので，知識分野のウエートが下がったとはいえない。捨て科目を作ると他の受験生に差をつけられてしまう可能性がある。**いたずらに捨て科目を作らず**に各科目のよく出るポイントを絞って，集中的に押さえることで得点効率をアップさせよう。

# 本書の構成と使い方

## 本書の構成

過去に上・中級の公務員試験に出題された問題を分析し，重要なテーマから順に，生物50問，地学50問をセレクトして掲載した。それぞれの問題は見開きで構成されており，左のページには問題の本文とそのポイントなどを示し，右のページには解説とメモ欄を配置している。

### 試験名と出題年度

この問題が出題された試験名と，出題された年度。ページ下部には試験名インデックスもついている。
試験の名称表記については3ページを参照。

### 問題タイトル

問題の内容を端的に表している。

### 科目名と問題番号

### カコモンキー

本シリーズのナビゲーター。
難易度によって顔が変わる!?

生物001

# 微生物の性質や利用

微生物の性質や利用に関する記述として最も妥当なものどれか。

平成20年度
国税専門官

1 肉眼で観察できないような微小な生物を微生物と呼ぶ。微生物は，原核生物と真核生物とに大別され，前者は細胞壁を持たずDNAが細胞質中に拡散するもの，後者は細胞膜の外側に細胞壁を持つものと定義されている。
核膜に包まれた核

## 過去問ナビゲートページ

2 ……さい。
細菌類の中でも最も小さいウイルスは，無機塩しか含まない水中や空気中においても，細胞分裂によって盛んに増殖することができる。
ラン藻も含まれる
ウイルスは細菌類ではない
生物内でしか増殖できない
ウイルスは「細胞」ではない

3 細菌類の中で，胞子を作って増殖するものをカビと呼ぶ。カビには多くの種類が存在し，それぞれの特性に応じて，味噌，納豆，ヨーグルトなどの製造に用いられている。また，コウジカビのように，抗生物質であるペニシリンを産生するものもある。
菌類
カビやキノコなどがある
醤油，酒
アオカビ

4 酵母は，嫌気呼吸により糖をエタノールと二酸化炭素に分解するアルコール発酵を行うため，酒類の製造に利用されている。酸素が存在するとアルコール発酵は阻害され，糖は二酸化炭素と水にまで分解される。

5 エタノールから酢酸の生合成を行う細菌を酢酸菌といい，食酢の製造に利用されている。酢酸菌は，酸素があると生きられない嫌気性細菌であり，また，雑菌などが生育できない非常に低いpHを好む。
強酸性を

30

国家総合職　国家一般職　国家専門職

### 問題文中の赤色部分について

**誤り部分**

正しい記述や注などは，その下に赤字で示している。

**重要語句・キーワード**

絶対に覚えておきたい用語。

**要チェック箇所**

正誤判断のために重要な部分。

**補足説明**

正文化できない箇所の誤りの理由や，正しい記述への注釈など。

### 妥当な内容の選択肢

基本的には正答を示しているが，混乱を避けるため「妥当でないものを選べ」というタイプの問題では，妥当な選択肢4つに印がついている。

### 付属の赤シート

赤シートをかぶせると，赤字で記されている部分が見えなくなるので，実際に問題を解いてみることも可能。
自分なりの書き込みを加える際も，赤色やピンク色のペンを使えば，同様の使い方ができる。

## 使い方のヒント

選択肢はすでに正文化してあるので，過去問を読み込んでいくだけで試験に出たピンポイントの知識をダイレクトに習得できる。問題演習をしたい場合は，赤色部分が見えなくなる付属の赤シートを使えばよい。わざわざ解説を見るまでもなく，赤シートを外すだけで答え合わせができる。

さらに，問題に自分なりの書き込みを加えたり，右ページのメモ欄を使って重要事項をまとめたりしてみてほしい。それだけで密度の濃い学習ができると同時に，試験前までには本書が最強の参考書となっているだろう。

また，使っていくうちに，問題のつくられ方・ヒッカケ方など「公務員試験のクセ」もだんだんわかってくるはずだ。本書を使うことで，あらゆる方向から骨の髄まで過去問をしゃぶりつくせるのだ。

代　謝

解説　X月○日

難易度 ★★★　重要度 ★★★

**1** 原核細胞と真核細胞は，[Ⓐ　　　　] に包まれた核を持つか持たないかで区別されるが，ほかにも，[Ⓑ　　　　] にあるゴルジ体やミトコンドリアなどの細胞小器官は [Ⓒ　　　　] には見られないという違いがある。なお，細胞壁は植物細胞にのみ見られ，細胞小器官には含まれない。

# 解説・書き込みページ

きた細胞）に侵入すると宿主の代謝系を使って増殖する。DNA または RNA を持ち，それを包むタンパク質の殻からできている。

**3** 菌類にはカビ，キノコ，酵母などが含まれる。カビには，デンプンを糖化したり，タンパク質を [Ⓔ　　　　] に分解したりする働きがあり，日本では，コウジカビを繁殖させた [Ⓕ　　　　] を用いて味噌や醤油，酒の製造に利用している。納豆やヨーグルトは，納豆菌や乳酸菌などの細菌が，また，ペニシリンの産生にはアオカビが使われる。

**4** 正しい。酵母は酸素が十分にあるところでは [Ⓖ　　　　] を行う。

**5** 酢酸菌はエタノールを酸化して酢酸を生じる [Ⓗ　　　　] を行う。酢酸発酵は酸素を使うので [Ⓘ　　　　] ともいわれ，嫌気呼吸ではないが，分解が不完全なため発酵としている。酸を生産するため pH5.0 以下でも成長できるが，好適範囲は pH5.4 ～ 6.3 である。

**Point**

- □ ウイルスはほかの生物の細胞を利用して自己を複製することのできる構造体で，細胞を構成単位としない。
- □ ウイルスは宿主の細胞内に DNA または RNA のみを侵入させ，その複製を作り，タンパク質の殻を合成して子ウイルスを増殖させる。
- □ エタノールを酸化発酵する細菌の総称を酢酸菌という。酢酸菌はその細胞膜にあるアルコール脱水素酵素とアセトアルデヒド脱水素酵素を使って，エタノール→アセトアルデヒド→酢酸へと酸化する。

Ⓐ：核膜，Ⓑ：真核細胞，Ⓒ：原核細胞，Ⓓ：ウイルス，Ⓔ：アミノ酸，Ⓕ：こうじ，Ⓖ：好気呼吸，Ⓗ：酢酸発酵，Ⓘ：酸化発酵

31

### テーマ名

テーマは出る順＆効率的に学べる順に並んでいる。

### 難易度と重要度

この問題の難しさと，内容の重要度を★で表示。

| | | |
|---|---|---|
| 難易度 | ★ | 比較的易しい |
| | ★★ | 標準レベル |
| | ★★★ | 難しい |
| 重要度 | ★ | たまに出る |
| | ★★ | よく出る |
| | ★★★ | 最頻出問題 |

### 解説

さらなる理解を促すべく，選択肢ごとに内容を補足して説明している。

※解説中の空欄
解説中の重要語句を中心に空欄をつくってあるので，穴埋め式の学習もできるようになっている。答えは Point の下に記してある。

### メモ欄

使い方は自由。穴埋めの答えを右側に記して使いやすくするもよし（キーワードが際立つ効果がある），自分なりに補足知識を書き記してみてもいいだろう。

### Point

この問題のポイントとなる知識を短くまとめたもの。「出る選択肢」として覚えよう。

# 上・中級公務員試験
# 過去問ダイレクトナビ 生物・地学 目次



## 生物

# 地　学

| テーマ | No. | 内容 | 出題年度 | 出題された試験 | 難易度 | 重要度 | ページ |
|---|---|---|---|---|---|---|---|
| 太陽系と宇宙 | 051 | 太陽系の惑星 | 16 | 裁判所 | ★☆☆ | ★★★ | 116 |
| | 052 | 惑星の運動 | 7 | 市役所 | ★☆☆ | ★★★ | 118 |
| | 053 | 太陽系の法則 | 7 | 国税専門官 | ★☆☆ | ★★★ | 120 |
| | 054 | 惑星 | 11 | 国税専門官 | ★★☆ | ★★★ | 122 |
| | 055 | 太陽系の惑星 | 21 | 地方上級 | ★★☆ | ★★☆ | 124 |
| | 056 | 太陽系の天体 | 6 | 国家Ⅱ種 | ★★☆ | ★★★ | 126 |
| | 057 | 惑星の逆行 | 8 | 国家Ⅱ種 | ★★☆ | ★★☆ | 128 |
| | 058 | 火星 | 15 | 地方上級 | ★★☆ | ★★☆ | 130 |
| | 059 | 地球型と木星型の惑星 | 8 | 国家Ⅰ種 | ★☆☆ | ★★★ | 132 |
| | 060 | 太陽 | 13 | 地方上級 | ★☆☆ | ★★☆ | 134 |
| | 061 | 恒星 | 25 | 国家総合職 | ★★★ | ★★☆ | 136 |
| | 062 | 恒星 | 20 | 国税専門官 | ★★☆ | ★★☆ | 138 |
| | 063 | HR 図 | 13 | 市役所 | ★☆☆ | ★★☆ | 140 |
| | 064 | 宇宙 | 22 | 地方上級 | ★★☆ | ★★☆ | 142 |
| | 065 | 天文学の研究者 | 23 | 国税専門官 | ★★☆ | ★★☆ | 144 |
| 地球の運動 | 066 | 地球の運動 | 9 | 警察官 | ★☆☆ | ★★☆ | 146 |
| | 067 | 地球の公転 | 18 | 市役所 | ★☆☆ | ★★☆ | 148 |
| | 068 | 地球の自転と公転 | 10 | 国税専門官 | ★★☆ | ★★☆ | 150 |
| | 069 | 月から見た地球 | 10 | 警察官 | ★★☆ | ★★☆ | 152 |
| 地球の概観と地殻の構成 | 070 | 重力 | 11 | 警察官 | ★☆☆ | ★★☆ | 154 |
| | 071 | アイソスタシー | 5 | 市役所 | ★☆☆ | ★★☆ | 156 |
| | 072 | 地球内部の地震波の伝わり方 | 15 | 警察官 | ★☆☆ | ★★☆ | 158 |
| | 073 | 地球内部の構造 | 30 | 警察官 | ★★☆ | ★★☆ | 160 |
| | 074 | 地球の構造とその活動 | 20 | 国税専門官 | ★★☆ | ★★☆ | 162 |
| | 075 | 岩石や鉱物 | 23 | 国家Ⅱ種 | ★★★ | ★★☆ | 164 |
| | 076 | 岩石と鉱物 | 26 | 国家専門職 | ★★☆ | ★★★ | 166 |

※ テーマの並び順について
本書は，試験によく出題されている重要なテーマから先に学んでいくことを基本にしており，そこに学びやすさの観点を加えた独自の並び順となっている。

# 生物の出題の特徴

## 出題の状況

生物は，ほとんどすべての試験で出題されており，1～2問程度出題される場合が多い。その中で，東京消防庁では3問出題されることがある。

なお，国家公務員試験では，出題のある年と出題のない年があるが，国家一般職については毎年1問の出題が続いている。

## 出題される内容

生物の出題は高校で学習する「生物」とほぼ同じ内容となっており，「細胞・組織」「同化・異化」「恒常性の維持」「生殖・遺伝」「生物の集団」などに大別される。

出題範囲は広いものの，基礎知識の暗記で対応できる問題がほとんどなので，過去問を解くことが有効な対策となる。

## 問題の形式

文章の正誤を問うオーソドックスな形式が多い。なかには数表やグラフを提示した問題，文中の空欄に適語を挿入させる問題なども見られるが，それらの多くは「記述が正しいかどうか」を問うものなので，本書で行っているような「正文化」が有効である。

## 試験別に見た特徴

国家総合職では「恒常性の維持」がかなりの頻度で出題されているほか，最近は感染症などの医療に関する出題が続いている。国家一般職では「生物の集団」の出題が比較的多い。地方上級（東京都・特別区）や警視庁（警察官），東京消防庁では人体に関する問題が多い。

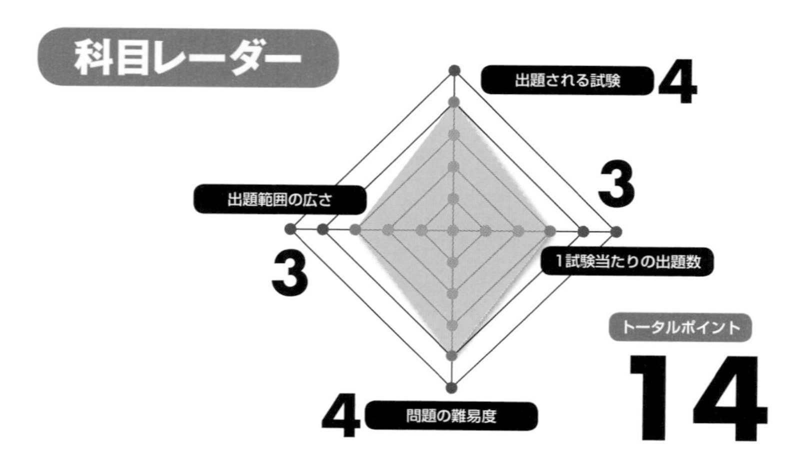

# 地学の出題の特徴

## 出題の状況

地学は，１問程度出題される試験が多いが，東京消防庁のように出題がない場合もある。

なお，国家公務員試験では，出題のある年と出題のない年があるが，国家一般職については平成 24 年度以来出題がない。

## 出題される内容

地学の出題は高校で学習する「地学」とほぼ同じ内容となっており,「天文」「気象」「地球の構造と歴史」に大別される。日常生活に関係の深いテーマが出題されることもあり，異常気象，地震災害，天文のトピックなどには注意が必要である。

出題範囲はかなり限られており，基礎知識の暗記で対応できる問題がほとんどであり，なおかつ過去にも出題されたような問題が多いので，過去問を解くことが極めて有効である。

## 問題の形式

文章の正誤を問うオーソドックスな形式のほか，数表やグラフを提示した問題，文中の空欄に適語を挿入させる問題なども出題されるが，いずれも「記述が正しいかどうか」を問うものなので「正文化」が有効である。

## 試験別に見た特徴

上記の３テーマを満遍なく出題する試験が多い中で，国家専門職（国税専門官）は「気象」のウエートが低くなっている。

## 科目レーダー

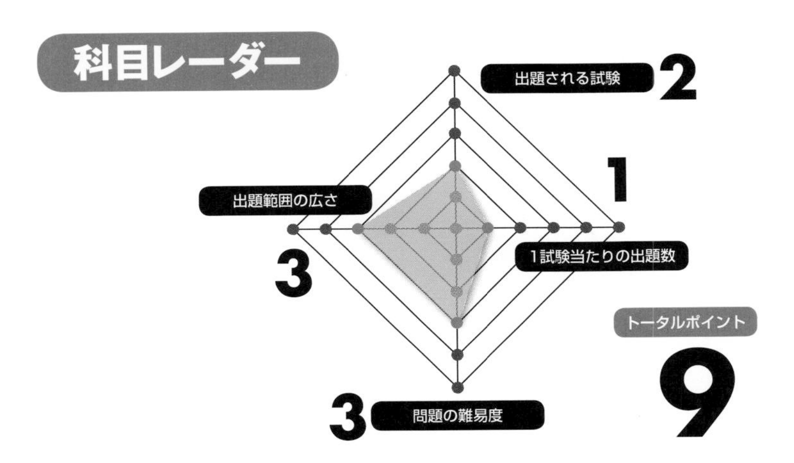

001 → 050

生物001

# 微生物の性質や利用

## 微生物の性質や利用に関する記述として最も妥当なものどれか。

平成20年度
国税専門官

**1** 肉眼で観察できないような微小な生物を微生物と呼ぶ。微生物は，原核生物と真核生物とに大別され，前者は細胞壁を持たずDNAが細胞質中に拡散するもの，後者は細胞膜の外側に細胞壁を持つものと定義されている。

核膜に包まれた核
核膜に包まれた核

**2** 原核生物は細菌類またはバクテリアと総称され，概して真核生物よりも小さい。細菌類の中でも最も小さいウイルスは，無機塩しか含まない水中や空気中においても，細胞分裂によって盛んに増殖することができる。

➡ラン藻も含まれる
➡ウイルスは細菌類ではない
➡生物内でしか増殖できない
➡ウイルスは「細胞」ではない

**3** 細菌類の中で，胞子を作って増殖するものをカビと呼ぶ。カビには多くの種類が存在し，それぞれの特性に応じて，味噌，納豆，ヨーグルトなどの製造に用いられている。また，コウジカビのように，抗生物質であるペニシリンを産生するものもある。

菌類
➡カビやキノコなどがある
醤油，酒
アオカビ

**4** 酵母は，嫌気呼吸により糖をエタノールと二酸化炭素に分解するアルコール発酵を行うため，酒類の製造に利用されている。酸素が存在するとアルコール発酵は阻害され，糖は二酸化炭素と水にまで分解される。

**5** エタノールから酢酸の生合成を行う細菌を酢酸菌といい，食酢の製造に利用されている。酢酸菌は，酸素があると生きられない嫌気性細菌であり，また，雑菌などが生育できない非常に低いpHを好む。

好気性細菌
➡強酸性を好むわけではない

**1** 原核細胞と真核細胞は，[Ⓐ　　　　] に包まれた核を持つか持たないかで区別されるが，ほかにも，[Ⓑ　　　　] にあるゴルジ体やミトコンドリアなどの細胞小器官は [Ⓒ　　　　] には見られないという違いがある。なお，細胞壁は植物細胞にのみ見られ，細胞小器官には含まれない。

**2** 原核生物は細菌・バクテリアとユレモ，ネンジュモなどのラン藻類を含む。[Ⓓ　　　　] は単独では生物の特徴を示さず，宿主（生きた細胞）に侵入すると宿主の代謝系を使って増殖する。DNA または RNA を持ち，それを包むタンパク質の殻からできている。

**3** 菌類にはカビ，キノコ，酵母などが含まれる。カビには，デンプンを糖化したり，タンパク質を [Ⓔ　　　　] に分解したりする働きがあり，日本では，コウジカビを繁殖させた [Ⓕ　　　　] を用いて味噌や醤油，酒の製造に利用している。納豆やヨーグルトは，納豆菌や乳酸菌などの細菌が，また，ペニシリンの産生にはアオカビが使われる。

**4** 正しい。酵母は酸素が十分にあるところでは [Ⓖ　　　　] を行う。

**5** 酢酸菌はエタノールを酸化して酢酸を生じる [Ⓗ　　　　] を行う。酢酸発酵は酸素を使うので [Ⓘ　　　　] ともいわれ，嫌気呼吸ではないが，分解が不完全なため発酵としている。酸を生産するため pH5.0 以下でも成長できるが，好適範囲は pH5.4～6.3 である。

## Point

- □ ウイルスはほかの生物の細胞を利用して自己を複製することのできる構造体で，細胞を構成単位としない。
- □ ウイルスは宿主の細胞内に DNA または RNA のみを侵入させ，その複製を作り，タンパク質の殻を合成して子ウイルスを増殖させる。
- □ エタノールを酸化発酵する細菌の総称を酢酸菌という。酢酸菌はその細胞膜にあるアルコール脱水素酵素とアセトアルデヒド脱水素酵素を使って，エタノール→アセトアルデヒド→酢酸へと酸化する。

Ⓐ：核膜，Ⓑ：真核細胞，Ⓒ：原核細胞，Ⓓ：ウイルス，Ⓔ：アミノ酸，Ⓕ：こうじ，Ⓖ：好気呼吸，Ⓗ：酢酸発酵，Ⓘ：酸化発酵

# 生物の代謝

## 生物の代謝に関する記述として最も妥当なのはどれか。

令和2年度
国家一般職

**1** アデノシン三リン酸（ATP）は，塩基の一種であるアデニンと，糖の一種であるデオキシリボース（リボース）が結合したアデノシンに，3分子のリン酸が結合した化合物であり，デオキシリボースとリン酸と（リン酸どうし）の結合が切れるときにエネルギーを吸収（放出）する。
➡高エネルギーリン酸結合

**2** 代謝などの生体内の化学反応を触媒する酵素は，主な成分がタンパク質であり，温度が高くなり過ぎるとタンパク質の立体構造が変化し，基質と結合することができなくなる。このため，酵素を触媒とする反応では一定の温度を超えると反応速度が低下する。

**3** 代謝には，二酸化炭素や水などから炭水化物やタンパク質を合成する異化（同化）と，炭水化物やタンパク質を二酸化炭素や水などに分解する同化（異化）があり，同化（異化）の例としては呼吸が挙げられる。

**4** 光合成の反応は，主にチラコイドでの光合成色素による光エネルギーの吸収，水の分解とATPの合成，クリステ（ストロマ）でのカルビン・ベンソン回路からなっており，最終的に有機物，二酸化炭素（酸素），水が生成される。

**5** 酒類などを製造するときに利用される酵母は，酸素が多い環境では呼吸を行うが，酸素の少ない環境では発酵を行い，グルコースをメタノールと水（エタノールと二酸化炭素）に分解する。このとき，グルコース1分子当たりでは，酸素を用いた呼吸と比べてより多くのATPが合成される。
➡発酵よりも酸素を用いた呼吸のほうが多くのATPを合成する

# 解説

難易度 ★★☆　重要度 ★★★

**1** ATP は，生体内のエネルギー活動に広く使われる物質である。塩基（アデニン）と糖（リボース）が結合したアデノシンに，リン酸３分子が結合している。リン酸どうしは［Ⓐ　　　］という結合でつながり，高いエネルギーが蓄えられている。この２つめと３つめのリン酸の結合が切れ，ATP が ADP（アデノシン二リン酸）とリン酸に分解されるときに，多量のエネルギーが放出される。

**2** 正しい。酵素が働く相手を基質といい，酵素は決まった基質にのみ働く［Ⓑ　　　］を持ち，触媒反応を行う。この反応は温度や pH の値により反応速度が変化する。酵素がよく働くそれぞれの値を最適温度，最適 pH と呼ぶ。しかし，酵素はタンパク質であるので，高温ではその立体構造が壊れ（変性），酵素は失活し，反応を起こさなくなる。

**3** 生体内で行われる化学変化を代謝といい，外からとり入れた養分を体に有用な体物質へ作り替えることを［Ⓒ　　　］，体物質を分解してエネルギーを放出することを［Ⓓ　　　］という。同化には光合成などの炭酸同化や窒素同化などがある。異化には（細胞内）呼吸や発酵がある。

**4** 光合成は葉緑体内のチラコイドとストロマで行われる。チラコイドでの反応は，光エネルギーを使い，水を分解して酸素を発生させ，さらに，ここで生じた$H^+$２～３つが，チラコイド膜にある ATP 合成酵素を通過するたび，ATP が１つ生成される。ストロマ内では，この ATP を用いて［Ⓔ　　　］と呼ばれる反応が起こり，グルコース（ブドウ糖）と水が生成される。ミトコンドリアのクリステやマトリックスには，呼吸に必要な酵素が存在している。

**5** 酸素を使わずに ATP を合成する働きを発酵という。発酵で合成される ATP は，呼吸より少ない。発酵には，酵母の働きでエタノールが生じるアルコール発酵，乳酸菌の働きで乳酸が生じる乳酸発酵（解糖），酢酸菌の働きで酢酸が生じる酢酸発酵がある。

## Point

- □ 胃の中で働くペプシンは pH2 付近，唾液中のアミラーゼは pH7 付近が最適 pH である。
- □ 運動時には，人間も筋肉内で酸素を使わずにグリコーゲンやグルコースを分解し、エネルギーを取り出す反応（解糖）を行う。このとき，乳酸発酵と同様に乳酸ができる。

Ⓐ：高エネルギーリン酸結合，Ⓑ：基質特異性，Ⓒ：同化，Ⓓ：異化，Ⓔ：カルビン・ベンソン回路

生物003

# 細胞内の呼吸

**細胞内で有機物を分解してエネルギーをATPの形で取り出す働きを内呼吸というが，内呼吸には好気呼吸と嫌気呼吸がある。これらに関する次の記述のうち，正しいものはどれか。**

平成18年度
地方上級

**1** 好気呼吸，嫌気呼吸ともにその過程でATPを生成するが，その量は好気呼吸のほうが多い。

**2** 動物の筋肉内で行われるのは好気呼吸だけであり，その過程でグルコースが分解されて乳酸ができる。
嫌気呼吸と好気呼吸の両方　嫌気呼吸の過程

**3** 好気呼吸，嫌気呼吸ともにクエン酸回路，解糖系と呼ばれる反応過程を含んでいる。
➡嫌気呼吸にはクエン酸回路が含まれない

**4** 乳酸発酵は好気呼吸であり，乳酸菌によってグルコースが分解されて乳酸ができる。
嫌気呼吸

**5** アルコール発酵は嫌気呼吸であり，酵母によってグルコースが分解されてメタノールができる。
エタノール

**1** 正しい。好気呼吸の過程は次の図のようになる。嫌気呼吸は好気呼吸の解糖系の過程までで，酸素を使わずにグルコースをピルビン酸に分解し，ピルビン酸をエタノールや乳酸に変える。したがって，ATP を生成する量は好気呼吸のほうが多い。

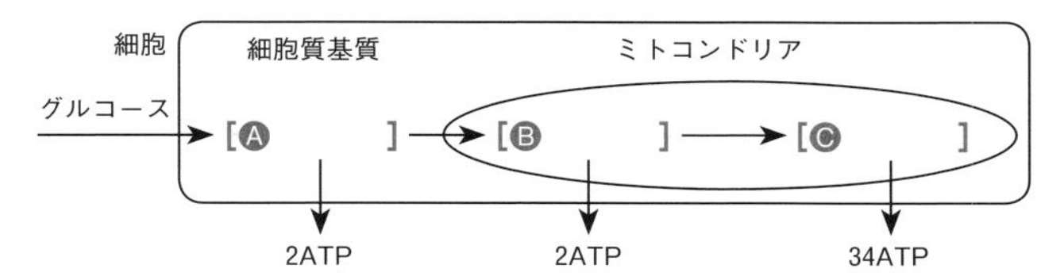


**2** 動物の骨格筋の筋細胞では，通常［Ⓓ　　　　］が行われているが，激しい運動によって酸素が不足した状態になると，解糖系でグルコースがピルビン酸に分解され，ピルビン酸は［Ⓔ　　　　］になる。このような反応過程を特に解糖と呼んでいる。

**3** 好気呼吸は，**1**で述べたように3つの過程からなるが，嫌気呼吸では［Ⓕ　　　　］のみの反応で終了する。

**4** 乳酸発酵は嫌気呼吸である。グルコースが［Ⓖ　　　　］に分解されて ATP が生成され，ピルビン酸は乳酸になる。

**5** 酵母によるアルコール発酵では，乳酸発酵と同じように，グルコースがピルビン酸に分解されて ATP が生成され，ピルビン酸はエタノールになる。

## Point

□ 解糖系で生成される ATP は２分子であるが，実際には２分子の ATP が使われ，新たに４分子の ATP が作られている。その結果２分子の ATP を生成したことになる。

□ 激しい運動により生成した乳酸が筋肉にたまると，筋肉は疲労した状態になる。このため，蓄積された乳酸の一部は好気呼吸に利用され，残りの乳酸は血液によって肝臓へ運ばれ，グリコーゲンに再合成される。

Ⓐ：解糖系，Ⓑ：クエン酸回路，Ⓒ：電子伝達系，Ⓓ：好気呼吸，Ⓔ：乳酸，Ⓕ：解糖系，Ⓖ：ピルビン酸

生物004

# 植物の成長

## 植物の成長に関する記述として妥当なのはどれか。

平成12年度 国家Ⅱ種

**1** シクラメンは補償点が低く，~~日当たりのよいところにしか生育できない陽生植物~~（日陰でも生育できる陰生植物）であるが，ソバは補償点が高く，~~日陰でも生育できる陰生植物~~（日当たりのよいところにしか生育できない陽生植物）である。

**2** 光合成の最適温度は，温帯起源の植物は低く，熱帯起源の植物は高い。したがって，温帯起源の~~トウモロコシ~~（ジャガイモ）は春に，熱帯起源の~~ジャガイモ~~（トウモロコシ）は夏によく育つ。

**3** 温帯起源の植物は，光飽和点が低く，ある照度で飽和に達すると，それ以上光が強くなっても光合成量は変化しないが，熱帯起源の植物はより高い照度まで光合成量が増大する。

**4** 一般に，植物は葉の数が多いほど受光量が増加するため光合成量が増加する。特に，広葉型の植物はイネ型の植物に比べ，茎や葉柄に対する葉の割合が~~高い~~（低い）ため，物質生産に~~有利~~（不利）である。

**5** 陰葉と陽葉ではその構造が異なり，一般に陰葉は陽葉より，さく状組織や海綿状組織が~~厚いため~~（薄いため），葉全体の厚みが~~あり~~（なく），単位葉面積当たりの気孔数が~~多い~~（少ない）。

難易度 ★★★　重要度 ★★★

**1** 光合成速度と呼吸速度が等しくなるような光の強さを補償点という。シクラメンは［Ⓐ　　　　］で補償点が低く，日陰でも生育できる植物である。これに対して，ソバは［Ⓑ　　　　］で補償点が高く，日当たりのよいところでないと生育できない。

**2** 光合成における温度の影響は，［Ⓒ　　　　］にかかわる酵素活性の最適温度に依存する。したがって，熱帯起源の植物でも温帯起源の植物でも，その最適温度は酵素が最も活性する［Ⓓ　　　　］前後でよく生育するといえる。

**3** 正しい。光合成の限定要因の1つである［Ⓔ　　　　］が，温帯起源の植物より熱帯起源の植物のほうが高い。このため，熱帯起源の植物は，一般により高い照度まで光合成速度が増大する。

**4** 一般に，植物は葉の数が多いほど［Ⓕ　　　　］が増加するため光合成量が増加すると考えられるが，広葉型の植物では葉が繁ると光が下のほうまで届かなくなってしまう。これに対して，イネ科型の植物は葉が細いので光が下のほうまで届く。また，広葉型の植物はイネ科型の植物に比べて茎や葉柄の葉に対する割合が大きい。よって，広葉型の植物はイネ科型の植物に比べて物質生産に不利である。

**5** 陽葉のほうが陰葉に比べてさく状組織や海綿状組織が発達しているので葉の厚みも大きくなる。一般に日当たりの悪い場所にある陰葉は乾燥に弱く，［Ⓖ　　　　］の数は少なくなっている。

## Point

- □ 光のよく当たる場所に生育するヒマワリ，サクラ，イネ，アカマツなどを陽生植物，森林の下層などでも生育できるアオキ，シイ，ブナなどを陰生植物という。
- □ 同じ個体の葉でも，光のよく当たる外縁部には陽葉が多く，中心に近い部分では陰葉が多くなっている。この関係は陰樹によく見られる。

Ⓐ：陰生植物，Ⓑ：陽生植物，Ⓒ：$CO_2$ 固定反応，Ⓓ：35℃，Ⓔ：温度，Ⓕ：受光面，Ⓖ：気孔

# 光合成

## 光合成に関する記述として，妥当なのはどれか。

平成24年度
地方上級

**1** 植物は，光合成により水と~~窒素~~からデンプンなどの有機物を合成するとともに，呼吸により二酸化炭素を~~吸収~~している。

二酸化炭素
放出

**2** 光合成速度の限定要因は，光合成速度を制限する環境要因のうち最も不足する要因のことであり，例として温度がある。

**3** 光飽和点は，植物において~~二酸化炭素の出入りがみかけの上でなくなる~~光の強さのことであり，光飽和点では~~呼吸速度と光合成速度が等しくなる~~。

➡それ以上光を強くしても二酸化炭素の吸収量に変化がなくなる
➡光合成速度のほうが呼吸速度よりも大きい

**4** ~~陰葉~~は，~~弱い~~光しか当たらないところにあるため，~~強い~~光が当たるところにある~~陽葉~~と比べ，さく状組織が発達して葉が厚くなる。

陽葉　強い　弱い
陰葉

**5** クロロフィルは，光合成を行う緑色の色素であり，緑色植物や藻類の細胞にある~~ミトコンドリア~~に含まれている。

葉緑体

難易度 ★★★　重要度 ★★★

**1** 植物は，動物と同じように常に［Ⓐ　　　　　］しており，有機物を分解して生きていくためのエネルギーを得ている。

**2** 正しい。反応に関係する複数の要因のうち，ある1つの要因によって光合成速度が制限されているとき，その要因を［Ⓑ　　　　　］という。光が弱い環境のもとでは光が［Ⓑ　　　　　］となる。

**3** それ以上光を強くしても二酸化炭素の吸収量に変化がなくなる光の強さを光飽和点といい，光合成量＞呼吸量である。光合成量＝呼吸量となり，見かけ上二酸化炭素の出入りが見られない光の強さを［Ⓒ　　　　　］という。

**4** 陽葉と陰葉の特徴が反対になっている。ブナなどでは，同じ個体でも受ける光の強さによって葉の構造や性質が異なる。十分な光が当たるところにある陽葉のほうが，弱い光しか当たらないところにある陰葉に比べ，［Ⓓ　　　　　］やさく状組織が発達し，厚くなる。

**5** 植物細胞では，核，細胞質を細胞膜が囲み，さらにその外側を細胞壁が囲っている。細胞質には，ミトコンドリア，ゴルジ体，葉緑体など，特定の機能を持つ［Ⓔ　　　　　］があり，その周囲を細胞質基質が満たしている。クロロフィルは，青色や赤色の光を吸収するために，緑色に見えるものが多い。なお，ミトコンドリアは好気呼吸の場であり，その中にクロロフィルは含まれていない。

## Point

- □ 光飽和点を超える強さの光が当たっても，光以外の要因が限定要因となり，それ以上光合成速度が大きくならない状態が光飽和点である。
- □ 光が弱いところでも生育できる植物を陰生植物，日なたを好む植物を陽生植物という。
- □ 光合成色素には黄色，橙色，赤色の色素であるカロテノイドなどもある。
- □ 光合成に有効な光線は可視光線の赤色光と青紫色光である。これは，太陽光線以外の人工光線でも有効である。人工光線は，電照菊やイチゴのハウス栽培など多くに利用されている。

Ⓐ：呼吸，Ⓑ：限定要因，Ⓒ：補償点，Ⓓ：クチクラ，Ⓔ：細胞小器官

# 光合成速度

## 光合成速度に関する次の記述として，妥当なものはどれか。

平成18年度
地方上級

**1** 光合成速度は，植物が単位時間当たりに~~窒素を吸収する量~~を測定することで知ることができる。
二酸化炭素を吸収する量と呼吸速度

**2** 光合成速度は，光の強さ，温度および二酸化炭素濃度が一定の環境のとき，~~植物の種類に関係なく，同じ値を示す~~。
植物の種類によって異なった値を示す

**3** 光合成速度は，温度および二酸化炭素濃度が一定の環境のとき，ヒマワリでは，~~光の強さによらず，呼吸速度を下回っている~~。
光の強さが強くなると増加し，呼吸速度を上回る

**4** 光合成速度は，温度および二酸化炭素濃度が一定の環境のとき，ヒマワリでは，光を強くすると増加するが，光の強さが光飽和点以上では一定になる。

**5** 光合成速度は，温度が限定要因であるとき，ヒマワリでは，二酸化炭素濃度が~~高くなるほど増加する~~。
高くなっても増加しない

難易度 ★★★　重要度 ★★★

**1** 光合成に関与する気体は窒素ではなく二酸化炭素である。光合成速度は，[Ⓐ　　　　] と呼吸速度の和で求めることができる。つまり，光合成によって吸収される二酸化炭素量と植物自身の呼吸によって排出される二酸化炭素量の和が光合成速度である。

**2** 光合成速度は，光合成に影響を与える環境が一定であっても，植物の種類によって異なる。ヒマワリのような [Ⓑ　　　　] とアオキのような [Ⓒ　　　　] では補償点に違いがあり，光合成速度の変化も異なる。

**3** ヒマワリに限らず，温度と二酸化炭素濃度が一定の環境のとき，光合成速度は光が強くなるほど大きくなり，[Ⓓ　　　　] を越えれば呼吸速度を上回る。

**4** 正しい。**3**で述べたように，温度と二酸化炭素濃度が一定の環境のとき，光合成速度は光が強くなるほど大きくなる。しかし，光の強さが [Ⓔ　　　　] に達すると，光合成速度は一定になる。

**5** 光合成速度は，光合成速度を決める3つの要因のうち，最も不足している要因によって決まる。このような要因を [Ⓕ　　　　] という。温度が限定要因の場合，温度を上げれば光合成速度は増加するが，温度が上がらなければ，いくら二酸化炭素濃度を上げても光合成速度は変わらない。

## Point

- □ 一定時間に行われる光合成の量を光合成速度という。また，光の強さが0のときに放出される二酸化炭素量は，植物が常に行っている呼吸によるもので，これを呼吸速度という。
- □ 光合成速度に影響を与える要因（光の強さ，温度，二酸化炭素濃度）のうち，最も不足している要因が限定要因である。
- □ 陰生植物の光飽和点は陽生植物より低く，呼吸速度は陽生植物より小さい。このため，強光での光合成速度は陽生植物より小さいが，補償点が陽生植物より低いため，弱い光でも成長することができる。

Ⓐ：見かけの光合成速度，Ⓑ：陽生植物，Ⓒ：陰生植物，Ⓓ：補償点，Ⓔ：光飽和点，Ⓕ：限定要因

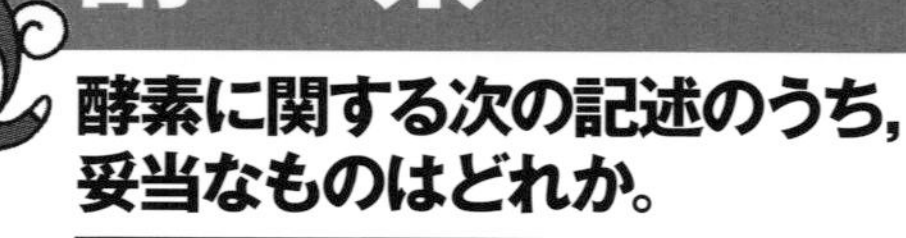

# 酵　素

## 酵素に関する次の記述のうち，妥当なものはどれか。

平成10年度
市役所

**1** 酵素は特定の基質にのみ作用するという基質特異性を持っているが，この性質はタンパク質が複雑な立体構造を持っていることに由来している。

**2** 酵素は消化，光合成，呼吸など，多くの生体内の反応に関与しているが，DNA や RNA の合成，分解には~~関与していない~~。
関与している

**3** 酵素は生体反応の触媒として働いているが，基質と構造がよく似た物質に出会うと~~その物質の分解を始める~~ので，本来の働きが阻害される。
➡物質と結びつくが，分解は行わない

**4** 酵素の働きは pH や温度などの条件に鋭敏に影響され，ヒトの場合，~~どの酵素でも pH が 6.0 ～ 8.0 で~~，温度が~~高いほど~~よく働く。
➡最適 pH は酵素によって違う
体温付近で

**5** アミラーゼは，だ液と~~腸液~~に含まれており，だ液のアミラーゼはデンプンをマルトース（麦芽糖）に，~~腸液~~のアミラーゼは~~マルトースをグルコース（ブドウ糖）に分解~~する働きがある。
すい液
すい液
デンプンをマルトースに分解

難易度 ★★★　重要度 ★★★

**1** 正しい。酵素の主成分は［Ⓐ　　　　　］であり，酵素の活性部位は複雑な立体構造を持ち，活性部位の立体構造と［Ⓑ　　　　　］の立体構造が鍵と鍵穴の関係にある。したがって，構造のよく似た糖であっても，働く酵素は糖によって異なる。

**2** 酵素にはDNAやRNAを分解する［Ⓒ　　　　　］や断片化されたDNAをつなぐリガーゼなど，DNAやRNAに関与する酵素もある。

**3** 基質ではないが，それとよく似た構造を持つ物質が酵素の活性部位と結合しても，鍵穴の関係から本来の［Ⓓ　　　　　］は果たさない。このとき，酵素は結合したままなので，酵素の働きは抑えられる。このような酵素作用への阻害を［Ⓔ　　　　　］という。

**4** 酵素の最適pHは酵素の種類や働く場所によって違う。ペプシンは強い［Ⓕ　　　　　］，アミラーゼはほぼ中性，トリプシンは弱塩基性で最も働きが大きい。また，最適温度は一般に［Ⓖ　　　　　］付近の温度であり，高温になると失活する。

**5** アミラーゼはだ液とすい液に含まれているが，どちらもデンプンをマルトースにまで分解する働きを持っている。マルトースをグルコースに分解するのは小腸の柔毛に張り付いている［Ⓗ　　　　　］である。

## Point

- □ 酵素が作用できる相手の物質は決まっている。このような酵素の性質を基質特異性という。
- □ 酵素反応のよく進む温度を最適温度という。ヒトの場合35～40℃で，それより高温になると失活する。
- □ 酵素反応には，最もよく働くpHがある。これを最適pHという。最適pHは酵素の種類によって異なる。
- □ アミラーゼにはだ液アミラーゼ（プチアリン）とすい液アミラーゼ（アミロプシン）がある。

Ⓐ：タンパク質，Ⓑ：基質，Ⓒ：ヌクレアーゼ，Ⓓ：触媒作用，Ⓔ：競争的阻害，Ⓕ：酸性，Ⓖ：体温，Ⓗ：マルターゼ

# 酵素とエネルギー

## 酵素やエネルギーに関する記述として最も適当なのはどれか。

平成26年度
国家一般職

**1** 酵素のうち，ペプシンは，タンパク質を分解する消化酵素である。また，ペプシンは胃液に含まれており，強い酸性条件下でよく働く。

**2** 酵素のうち，カタラーゼは，過酸化水素を分解して~~水素~~（酸素と水）を発生させる。これはカタラーゼが触媒として働いたためであり，一度触媒として働いたカタラーゼは~~消費されてしまう~~（反応後に基質と離れる）ため，再度触媒として~~働くことはない~~（働くことができる）。

**3** 酵素のうち，アミラーゼは，デンプン~~，タンパク質，セルロースなどの物質~~に（➲タンパク質やセルロースはアミラーゼの基質にならない）酵素反応を示し，物質の分解を促進する。また，アミラーゼは温度が~~上昇するほど，反応速度が高まる~~（➲だ液アミラーゼの最適温度は35℃付近）。

**4** 呼吸とは，グルコース，酸素および水から，~~水とエネルギーを合成する~~（➲グルコースを水と二酸化炭素に分解してエネルギーを得る）反応である。真核生物では，呼吸は細胞内のミトコンドリアで行われ，その構造は~~一重~~（二重）の膜に包まれ，~~細胞液~~（マトリックスという基質）で満たされている。

**5** 光合成とは，二酸化炭素と（水と）光エネルギーから，（グルコースと）酸素と水を合成する反応である。陸上植物では，光合成は細胞内の葉緑体で行われ，葉緑体はそれぞれの細胞に~~1つずつ~~（多数）含まれている。

難易度 ★★★　重要度 ★★★

**1** 正しい。食物を吸収できる大きさの物質に分解することを消化といい，消化に関与する酵素を消化酵素という。タンパク質は胃液に含まれるペプシンでペプトンに分解され，ペプトンはすい液に含まれる［Ⓐ　　　　］でペプチドに分解され，さらにペプチダーゼでアミノ酸に分解される。

**2** カタラーゼは［Ⓑ　　　　］などに多く存在する。また，カタラーゼの触媒としての能力は非常に大きく，毎秒 4000 万回程度触媒として働く。

**3** アミラーゼは，だ液のほか［Ⓒ　　　　］にも含まれ，基質となるデンプン（アミロースとアミロペクチン）やグリコーゲンを［Ⓓ　　　　］やデキストリンに分解する。最適温度は体温前後であり，それよりも高温になると反応速度はしだいに下がってくる。

**4** 好気呼吸は，細胞質基質での解糖系，ミトコンドリアの内膜に囲まれ酵素などを含む液で満たされたマトリックスでのクエン酸回路，ミトコンドリアの内膜がひだになったクリステでの電子伝達系と反応が続き，ATP がつくられる。

**5** 葉緑体は，色素体のうち緑色の光合成色素［Ⓔ　　　　］を含むもので，1 つの細胞に多数存在する。クロロフィルは波長が 430〜450nm の青色光と 640〜660nm の赤色光をよく吸収するため，吸収されない波長の緑色に見える。

## Point

□ 酵素には基質特異性があり，決まった物質にのみ働く。酵素が働くには最適な温度があり，体温前後の温度で最もよく反応する。また，高温にさらされると構造が変化し，その働きを失う（失活）。

□ 酵素には最適 pH があり，アミラーゼなどほとんどの酵素は pH7（中性）付近で最もよく働くが，胃酸中で働くペプシンの最適 pH は 2.0 前後である。

□ 呼吸には，好気呼吸と嫌気呼吸がある。嫌気呼吸にはアルコール発酵，乳酸発酵などがあり，つくられる ATP は好気呼吸と比べると少ない。

Ⓐ：トリプシン，Ⓑ：肝臓，Ⓒ：すい液，Ⓓ：マルトース（麦芽糖），Ⓔ：クロロフィル（葉緑素）

生物009

# ヒトの体の調節機能

## ヒトの体の調節機能に関する次の記述のうち，正しいものはどれか。

平成10年度
警察官

**1** 外気温が高くても低くても体温はほぼ一定に保たれているが，これは間脳にある体温中枢の働きにより，体表の血管が寒いときは~~拡大~~（収縮）し，逆に暑いときは~~収縮~~（拡大）して熱の発散を調節しているからである。

**2** 甘いものを食べたり，激しい運動をしたりすると，一時的に血液中に含まれるグルコース（ブドウ糖）の量が上下するが，すい臓から分泌されるホルモンの働きにより，まもなく通常の血糖値に戻る。

**3** 激しい運動を続けていると，呼吸が盛んになるが，~~大脳~~（延髄）にある呼吸中枢や~~交感神経末端から分泌されるホルモン~~（副交感神経）の働きにより，呼吸運動は徐々に抑制され，一定の呼吸数を保持するようになる。

**4** 心臓がいつも規則正しく拍動しているのは，~~間脳~~（延髄）にある心臓拍動中枢の働きで自動的に調節されているからであり，必要に応じて拍動を速くしたり遅くしたりできるのは，~~大脳と感覚神経~~（交感神経と副交感神経）の働きによる。

**5** 激しい運動で汗をかくと体液の浸透圧が~~下がり~~（上がり），逆に水分を取りすぎると体液の浸透圧が~~上がる~~（下がる）が，脳下垂体から分泌されるホルモンの働きにより~~細尿管~~（集合管）での水の排出量を調節し，一定の浸透圧を維持している。

難易度 ★★★　重要度 ★★★

**1** 外界の温度が低下すると，[Ⓐ　　　　　] を通じて皮膚の血管の収縮，立毛筋の収縮が起こり，熱の放散が抑制される。また，ホルモンの働きによって熱の発生量が増える。逆に，外界の温度が上昇すると，[Ⓑ　　　　　] を通じて皮膚の血管が拡張して熱が放出され，体温の上昇を防ぐ。

**2** 正しい。血糖量の増減を視床下部が感知すると，高血糖時には副交感神経を通じてすい臓のランゲルハンス島の [Ⓒ　　　　　] を刺激して [Ⓓ　　　　　] を分泌させ，低血糖時には交感神経を通じてすい臓のランゲルハンス島の [Ⓔ　　　　　] を刺激してグルカゴンを分泌させたりする。

**3** 筋肉の活動によって血液中の [Ⓕ　　　　　] が増加すると，それを間脳の視床下部が感知し，延髄の呼吸中枢より交感神経によって心臓の拍動や呼吸運動を促進する。一方，副交感神経が働くと心臓の拍動や呼吸運動を抑制し，一定の状態を保持するようになる。

**4** 心臓の拍動を調節するのは [Ⓖ　　　　　] であり，拍動を促進させるのは交感神経，拍動を抑制させるのは副交感神経である。また，これらの中枢は延髄であるが，延髄はさらに間脳の視床下部からの指令を受ける。

**5** 汗をかくと血液の濃度が高くなるので浸透圧は上がる。逆に，水分を過剰摂取すると血液の濃度が下がり浸透圧も下がる。血液中の水分の調節は，[Ⓗ　　　　　] が腎臓の集合管の細胞に働くことで行われる。

## Point

- □ 体温調節中枢は間脳の視床下部にあり，温度変化などの情報を受け取り，統合している。視床下部からは自律神経や脳下垂体を通じて体温を一定に維持するための指令が出される。
- □ 自律神経による作用は素早く現れるが，ホルモンに関係する指令は自律神経による作用に比べて遅い。しかし，ホルモンによる作用には持続性がある。
- □ 体温調節に関係するホルモンの主なものは，チロキシンとアドレナリンなどである。

Ⓐ：交感神経，Ⓑ：副交感神経，Ⓒ：B 細胞，Ⓓ：インスリン，Ⓔ：A 細胞，Ⓕ：二酸化炭素，Ⓖ：自律神経，Ⓗ：バソプレシン

# ヒトの肝臓と腎臓

**ヒトの肝臓または腎臓に関する記述として，妥当なのはどれか。**

平成23年度 地方上級

**1** 肝臓は，胃や小腸の下部にあり，円錐形の握りこぶし程度の大きさで，身体の中では腎臓に次いで重い臓器である。
右上部
➲三角形をしていて，ヒトの体内で最大の器官である

**2** 肝臓は，グリコーゲンをグルコースとして蓄え，必要に応じて，蓄えたグルコースを再びグリコーゲンに変えて血液中に送り出す働きをしている。
➲グルコースとグリコーゲンが逆である

**3** 肝臓は，タンパク質の分解により生じた有害なアンモニアを，害の少ない尿素に変える働きをしている。

**4** 腎臓は，腰の上部の背骨の両側に1対あり，左右を合わせると身体の中では最も大きく，最も重い臓器である。
➲左右合わせても，肝臓よりはるかに小さい

**5** 腎臓は，送られてきた血液中の尿素をこし取り，尿として膀胱へ送るとともに，血液中のその他の老廃物もこし取り，大腸へ送る働きをしている。
➲血液中のその他の老廃物も尿として膀胱へ送られる

難易度 ★★★　重要度 ★★★

**1** ヒトの成人の肝臓はおよそ 1000 ～ 1500 g あり，ヒトの臓器の中で最大である。いろいろな働きを持つが，その大きさから血液を一時的に蓄え，体を循環する［Ⓐ　　　　］を調節している。また，肝臓内での化学反応により発生する熱が体液とともに循環し，［Ⓑ　　　　］の維持に役立っている。

**2** 小腸の柔毛で毛細血管に吸収されたグルコース（ブドウ糖）は肝門脈で肝臓へ運ばれ，その一部がグリコーゲンに合成されて蓄えられる。このグリコーゲンは内部環境の変化によって，再びグルコースに分解されて血液中に放出される。また，肝臓では［Ⓒ　　　　］や脂肪の合成・分解も行われている。

**3** 正しい。［Ⓓ　　　　］を含むタンパク質が分解されると，アンモニアを生じる。アンモニアは有害な物質のため，肝臓で比較的害の少ない尿素に作り変えられ，尿の一成分として腎臓に送られる。また，アルコールなども肝臓で無害な物質に作り変えられる。

**4** ヒトの腎臓は，背中側に左右 1 対あり，そら豆に似た形をしている。腎臓に入った動脈は毛細血管となり，［Ⓔ　　　　］をつくる。それを囲むボーマン嚢で原尿がろ過され，原尿は［Ⓕ　　　　］で体に必要なものが再吸収され，尿として膀胱へ送られ，膀胱から輸尿管を通って体外に排出される。

**5** ヒトを含めた動物は，体内の化学反応でできた物質や体内に取り入れた物質のうち，不要なものや有害なものを排出する仕組みを持っている。脊椎動物の主な排出器官は腎臓で，腎臓で血液からこし取られた老廃物はすべて［Ⓖ　　　　］として膀胱へ送られ，膀胱に一時ためられた後，体外に排出される。

## Point

□ 肝臓は化学反応を伴ういろいろな働きをしている。解毒や養分の蓄積，体温の維持のほかに，脂肪の消化を助ける胆汁の生成がある。その機能は 500 以上ともいわれている。

□ 腎臓をつくる構造単位はネフロン（腎単位）と呼ばれ，腎臓 1 個当たりに約 100 万個あり，膨大な量の血液を処理している。

Ⓐ：血液量，Ⓑ：体温，Ⓒ：タンパク質，Ⓓ：窒素，Ⓔ：糸球体，Ⓕ：腎細管，Ⓖ：尿

生物011

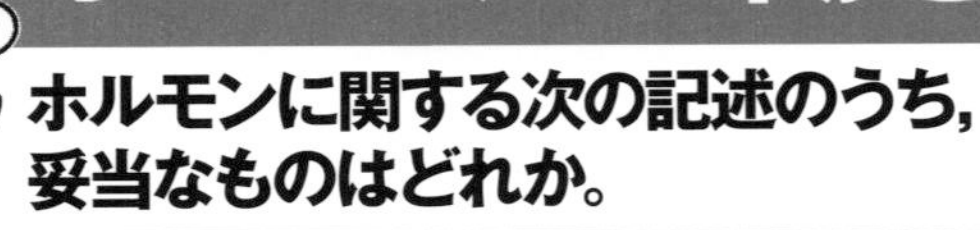


## ホルモンに関する次の記述のうち，妥当なものはどれか。

平成13年度
地方上級

**1** チロキシンは甲状腺から分泌され，物質交代（代謝）の促進に関与する。これが~~欠乏すると~~バセドウ病になる。
過剰になると

**2** バソプレシンは脳下垂体後葉から分泌され，腎臓での水分の再吸収を促進する。これが欠乏すると尿崩症になる。

**3** アドレナリンは副腎髄質から分泌され，~~交感神経の働きを促進するとともに~~肝臓・骨格筋でのグリコーゲンの分解を~~抑制~~する。
➡交感神経によってアドレナリンが分泌される
促進

**4** グルカゴンはすい臓のランゲルハンス島~~B細胞~~から分泌され，肝臓・骨格筋でのグリコーゲンの~~合成~~促進に寄与する。
A細胞
分解

**5** インスリンは~~副腎皮質~~から分泌され，肝臓・骨格筋でのグリコーゲンの分解抑制に寄与する。
すい臓のランゲルハンス島B細胞

難易度★★★　重要度★★★

**1** チロキシンは，代謝を［Ⓐ　　　　］し，甲状腺刺激ホルモンの分泌を［Ⓑ　　　　］する働きのあるホルモンである。このホルモンが過剰になると，代謝が異常に活発になり，甲状腺腫肥大，眼球突出，頻脈などの症状が現れる。これをバセドウ病という。

**2** 正しい。激しい運動などで多量に汗をかくと，血液中の水分が減少し，体液の［Ⓒ　　　　］が上昇する。すると，脳下垂体後葉よりバソプレシンが分泌され，腎臓の［Ⓓ　　　　］の細胞に働きかけて水の再吸収を盛んにする。バソプレシンが欠乏すると，多尿となる尿崩症になる。

**3** 血糖量が不足すると，［Ⓔ　　　　］が副腎髄質に働き，アドレナリンを分泌させる。アドレナリンは肝臓や骨格筋に蓄えられているグリコーゲンを分解させるので，血液中にグルコースが放出され，血糖量を増加させる。

**4** グルカゴンはすい臓のランゲルハンス島A細胞から分泌され，アドレナリンと同様に肝臓や骨格筋に蓄えられているグリコーゲンの分解を促進させてグルコースを生成する。ゆえに，グルカゴンは［Ⓕ　　　　］の増加に働くホルモンである。

**5** インスリンはすい臓のランゲルハンス島B細胞から分泌される。肝臓や骨格筋でのグリコーゲンの分解を抑制するとともに，血液中のグルコースを［Ⓖ　　　　］に合成させる働きがある。これによって，血糖量の減少に働く。

## Point

- □ 成長や生活活動のためのグルコースは不可欠のものである。したがって，血糖量を増やすために，成長ホルモン，グルカゴン，アドレナリン，糖質コルチコイドなど複数のホルモンが存在している。
- □ 血糖量を減らすためのホルモンはすい臓のランゲルハンス島B細胞から分泌されるインスリンのみである。
- □ 血糖量の調節がうまくできなくなり，血液中のグルコースが異常に増加した結果としてグルコースが尿中に排出されてしまうのが糖尿病である。

Ⓐ：促進，Ⓑ：抑制，Ⓒ：浸透圧，Ⓓ：集合管，Ⓔ：交感神経，Ⓕ：血糖量，Ⓖ：グリコーゲン

# ヒトのホルモン

## ヒトのホルモンに関する記述として，妥当なものはどれか。

平成26年度
地方上級

**1** ~~視床下部~~（副腎皮質）から分泌される~~糖質~~（鉱質）コルチコイドは，腎臓におけるナトリウムイオンの再吸収を促進する働きがある。

**2** ~~甲状腺~~（脳下垂体後葉）から分泌される~~パラトルモン~~（バソプレシン）は，腎臓における水の再吸収を促進し，血圧を上昇させる働きがある。

**3** すい臓のランゲルハンス島から分泌されるグルカゴンは血糖量を増加させ，インスリンは血糖量を減少させる働きがある。

**4** ~~副腎~~（甲状腺）から分泌されるチロキシンは，~~血液中のナトリウムイオン濃度やカリウムイオン濃度を調節~~（代謝を促進）する働きがある。

**5** ~~脳下垂体前葉~~（副甲状腺）から分泌される~~バソプレシン~~（パラトルモン）は，血液中のカルシウムイオン濃度を増加させる働きがある。

難易度 ★★★ 重要度 ★★★

**1** 微量で生理機能を調節する化学物質をホルモンといい，ホルモンを分泌する器官を［Ⓐ　　　　］という。［Ⓐ　　　　］には排出管がないため，ホルモンは血液などの体液中へ直接分泌される。副腎皮質から分泌され鉱質コルチコイドは，腎臓の［Ⓑ　　　　］でのナトリウムイオンの再吸収を促進させる働きがある。
鉱質コルチコイドと同じ副腎皮質から分泌される糖質コルチコイドには，タンパク質からの糖類の合成を促進させる働きがある。

**2** 水分量の減少は［Ⓒ　　　　］が感知し，脳下垂体後葉からのバソプレシンの分泌が促進される。バソプレシンは腎臓の集合管での水分の再吸収を促進させる。

**3** 正しい。血糖量の中枢は［Ⓒ　　　　］にあり，血糖量が増加すると［Ⓓ　　　　］の作用でインスリンの分泌が促進され，グルコースからグリコーゲンへの合成が促進される。血糖量が減少すると［Ⓔ　　　　］の作用でグルカゴンが分泌され，肝臓や筋組織でのグリコーゲンの分解が促進される。

**4** 甲状腺から分泌されるチロキシンは，代謝を促進させる。鳥類では換羽，両生類では［Ⓕ　　　　］時に分泌が促進される。

**5** 副甲状腺から分泌されるパラトルモンは，腎臓でのカルシウムイオンの再吸収や，［Ⓖ　　　　］でのカルシウムイオンの溶解を促進させる。

## Point

- □ ホルモンは特定の器官（細胞）にのみ作用し，作用する器官（細胞）を標的器官（細胞）という。標的細胞には，特定のホルモンとだけ結合する受容体（レセプター）がある。
- □ すい臓のランゲルハンス島のA細胞からはグリコーゲンの分解を促進し血糖量を増加させるグルカゴン，B細胞からはグリコーゲンの合成を促進し血糖量を減少させるインスリンが分泌される。
- □ 分泌中枢が血液中のホルモン量を感知し，分泌量が多いときには分泌器官に放出抑制ホルモンを分泌するなどして分泌量を調節することをフィードバック調節という。

Ⓐ：内分泌腺，Ⓑ：細尿管（腎細管），Ⓒ：間脳視床下部，Ⓓ：副交感神経，Ⓔ：交感神経，Ⓕ：変態，Ⓖ：骨組織

生物013

# ヒトの自律神経

## ヒトの自律神経に関する次の記述のうち，妥当なものはどれか。

平成8年度
地方上級

**1** 自律神経系のうち，交感神経には心臓の拍動を促進する働きがあり，副交感神経には心臓の拍動を抑制する働きがある。

**2** 自律神経系のうち，交感神経には消化器官の運動を~~促進~~抑制する働きがあり，副交感神経には消化器官の運動を~~抑制~~促進する働きがある。

**3** 自律神経系の分泌物質のうち，アセチルコリンは~~交感神経~~副交感神経の末端から分泌される。

**4** 自律神経系の分泌物質のうち，ノルアドレナリンは~~副交感神経~~交感神経の末端から分泌される。

**5** 自律神経系は~~中枢神経系~~末梢神経系の一つであり，中脳と延髄と脊髄とに支配され，大脳には支配されない。

# 解説

難易度 ★★★　重要度 ★★★

**1** 正しい。[Ⓐ　　　　　] は，多くの場合交感神経と副交感神経の両方が分布し，一方が活動の促進に，他方が活動の抑制に作用するように働く。その主なものは次のようになる。

| | 血圧 | 瞳孔 | 気管 | 心臓の拍動 | 胃腸の運動 | 排尿 |
|---|---|---|---|---|---|---|
| 交感神経 | 上昇 | 拡大 | 拡張 | 促進 | 抑制 | 抑制 |
| 副交感神経 | 低下 | 縮小 | 収縮 | 抑制 | 促進 | 促進 |

**2** 間違いやすいところなので確実に覚えておきたい。交感神経の多くは [Ⓑ　　　　　] に働くが，消化器官の運動と排尿は副交感神経が促進に働く。消化器官の運動や排尿は，運動中は抑制され，休息中や睡眠中に活発になる。

**3**，**4** 自律神経は細胞に直接働くのではなく，その末端から分泌される神経伝達物質によって刺激が伝えられる。交感神経の末端から分泌される物質が [Ⓒ　　　　　]，副交感神経の末端から分泌される物質は [Ⓓ　　　　　] である。

**5** 自律神経は中枢神経系ではなく，[Ⓔ　　　　　] に含まれる。大脳には支配されないが，[Ⓕ　　　　　] の視床下部が支配の中枢であり，その下で中脳，延髄，[Ⓖ　　　　　] の支配を受けて働く。

## Point

- □ 自律神経は，間脳の視床下部の支配のもと，意志とは無関係に自律的に働く。
- □ 交感神経は，胸や腰のあたりの脊髄から出て各器官に分布している。これに対して，副交感神経は，中脳，延髄，仙髄（脊髄）から直接各器官に至り，分布している。
- □ 自律神経の多くは交感神経と副交感神経が対になって働いているが，副交感神経が分布しないものもある。皮膚血管や立毛筋の収縮，皮膚汗腺の分泌促進，副腎髄質のアドレナリン分泌促進などである。
- □ 交感神経の多くは促進に働くが，これは，体が活動してエネルギーを消費しているときには交感神経が働き，休息中や睡眠中には副交感神経が働くからである。

Ⓐ：自律神経，Ⓑ：促進，Ⓒ：ノルアドレナリン，Ⓓ：アセチルコリン，Ⓔ：末梢神経系，Ⓕ：間脳，Ⓖ：脊髄

# 植物の作りと働き

## 植物の作りと働きに関する記述として，最も妥当なのはどれか。

令和３年度
地方上級

**1** ~~裸子植物~~（被子植物）であるアブラナの花は，外側から，がく，花弁，おしべ，めしべの順についており，めしべの根もとの膨らんだ部分を~~柱頭~~（子房）といい，~~柱頭~~（子房）の中には胚珠と呼ばれる粒がある。
➲種子になる部分

**2** おしべの先端にある小さな袋をやく，めしべの先端を~~花粉のう~~（柱頭）といい，おしべのやくから出た花粉が，めしべの~~花粉のう~~（柱頭）につくことを~~受精~~（受粉）という。

**3** 根は，土の中に伸び，植物の体を支え，地中から水や水に溶けた養分などを取り入れる働きをしており，タンポポは太い根の~~側根~~（主根）を中心に，~~側根~~（主根）から枝分かれして細い根の~~ひげ根~~（側根）が広がっている。

**4** 茎には，根から吸収した水や水に溶けた養分などが通る**道管**，葉で作られた栄養分が運ばれる**師管**の２種類の管が通っている。

**5** 葉の表皮は，水蒸気の出口，酸素や二酸化炭素の出入り口としての役割を果たしており，葉の内部の細胞の中には，~~ミドリムシ~~（葉緑体）といわれる緑色の粒が見られる。

**1** 植物はさまざまに分類される。種子を作る［Ⓐ　　　　　］は，花をつける被子植物と花をつけない裸子植物とに分類される。

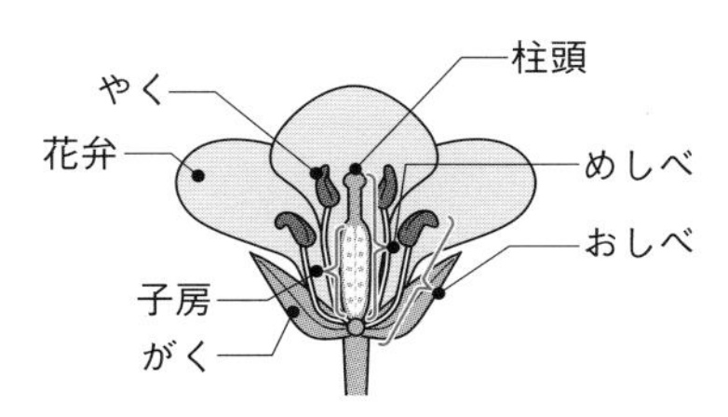


**2** おしべのやくから放たれた花粉がめしべの柱頭につくことを受粉という。受粉した花粉は発芽して花粉管を柱頭内に伸ばし，2つの精細胞が移動する。精細胞の1つは卵細胞と受精し，［Ⓑ　　　　　］になる。もう1つは中央細胞と受精し，［Ⓒ　　　　　］となる。

**3** 被子植物は，子葉が1枚で平行脈を持つ単子葉類と，子葉が2枚で網状脈を持つ［Ⓓ　　　　　］に分類される。単子葉類が持つひげ根はシダ植物にも共通するものであり，無数の細い根が伸びる。一方，双子葉類の根は主根と呼ばれる1本の太い根が地面深くまで伸び，主根側面から側根と呼ばれる細い根が伸びる。つくりの違いによって，双子葉類は単子葉類よりも根深く生えることができる。

**4** 正しい。種子植物とシダ植物には，水分が通る木部（道管）と栄養分などが通る師部（師管）の2種類の管からなる［Ⓔ　　　　　］がある。双子葉類には木部と師部の間に形成層がある。

**5** 葉の表面（表皮）は［Ⓕ　　　　　］で覆われており，葉緑体を持つ孔辺細胞によって作られた気孔がある。気孔は二酸化炭素，酸素，水蒸気などの気体の出入り口となっており，葉の裏面に特に多い。葉の内部にある海綿状組織と柵状組織には多くの葉緑体が含まれ，光合成が盛んに行われる。ミドリムシ（ユーグレナ）は光合成を行って栄養分を体内に蓄えることができ，鞭毛で動く藻類である。

□ タンポポの花は一見離弁花のように見えるが，合弁花がたくさん集まったものであり，集合花と呼ばれる。

Ⓐ：種子植物，Ⓑ：胚，Ⓒ：胚乳，Ⓓ：双子葉類，Ⓔ：維管束，Ⓕ：クチクラ

# 長日植物と短日植物

## 長日植物と短日植物に関する記述のうち，妥当なものはどれか。

平成10年度
地方上級

**1** 長日植物は，暗期の長さが一定の長さより~~長く~~(短く)なると花芽を形成する植物で，~~明期~~(暗期)の途中で短時間でも光を中断すると花芽を~~形成しなく~~(形成するように)なり，例として~~オナモミ~~(アブラナ)がある。

**2** 長日植物は，~~太陽から受ける光の強さが一定以上になること~~(➡光の強さではなく，日長が関係する)が花芽を形成する条件となる植物で，一般に~~夏~~(春)に開花するものが多く，例として~~ダリア~~(アブラナ)がある。

**3** 長日植物は，春化処理と呼ばれる人工的な温度調節により~~高温~~(低温)を与えると花芽形成が促進され，一般に~~晩春から夏にかけて~~(早春から晩春にかけて)開花するものが多く，例として~~ダイズ~~(アブラナ)がある。

**4** 短日植物は，連続した暗期が限界暗期の長さより長くなると花芽を形成する植物で，暗期の途中で短時間でも光を与え，連続した暗期が限界暗期の長さより短くなると花芽を形成しなくなり，例としてキクがある。

**5** 短日植物は，~~太陽から受ける光の強さが一定以下になること~~(➡光の強さではなく，日長が関係する)が花芽を形成する条件となる植物で，一般に秋に開花するものが多く，例として~~トマト~~(キク)がある。

難易度 ★★★　重要度 ★★★

**1** 日長がある一定の長さ（[Ⓐ　　　　　]）より長くなると花芽を形成する植物を長日植物というが，実際には，暗期が連続した一定の長さ（[Ⓑ　　　　　]）より短くなると花芽を形成する。たとえば，限界日長が12時間の長日植物を日長11時間（暗期13時間）の条件に置くと花芽は形成されないが，暗期の途中に短時間光を当てると花芽が形成されるようになる。これを[Ⓒ　　　　　]という。なお，オナモミは短日植物である。

**2** 日長の変化によって起こる反応の性質を[Ⓓ　　　　　]という。これは，光の強さの変化によるものではなく，明期（暗期）の長さによるものである。なお，ダリアは短日植物である。

**3** 長日植物のうち[Ⓔ　　　　　]の場合，花芽を形成するためには長日条件（暗期が限界暗期より短くなること）になる前に，一定時間低温にさらされることが必要で，これを春化という。なお，ダイズは短日植物である。

**4** 正しい。日長がある一定の長さより短くなると花芽を形成する植物を短日植物という。つまり，連続した暗期が[Ⓕ　　　　　]より長くなると花芽を形成する植物である。したがって，花が夏から秋にかけて咲く植物である。

**5** **2**と同様に，光周性は光の強さとは関係ない。明期（暗期）の長さによるものである。トマトは[Ⓖ　　　　　]であり，日照時間に影響を受けない。

## Point

- □ 長日植物では，暗期が限界暗期よりも長い時期に光中断すると花芽を形成するので，開花を早めることができる。
- □ 短日植物のキクのハウス栽培では，光中断（夜間に一定時間ハウス内の電灯を点灯する）を利用して長日条件を続け，開花時期を遅らせる栽培が行われている。これを電照菊という。
- □ トマト，キュウリ，トウモロコシなど，日長とは関係なく花芽を形成する植物を中性植物という。

Ⓐ：限界日長，Ⓑ：限界暗期，Ⓒ：光中断，Ⓓ：光周性，Ⓔ：越年生植物，Ⓕ：限界暗期，Ⓖ：中性植物

# 花芽の形成・発芽の調節

## 花芽の形成または発芽の調節に関する記述として，妥当なのはどれか。

平成15年度
地方上級

**1** 長日植物は，明期の長さにかかわらず，暗期が連続した一定の長さ以下になると，花芽を形成する植物であり，例として，~~キク，コスモス~~（アブラナ，ホウレンソウ）があり，~~秋~~（春）に開花する。

**2** 短日植物は，暗期が連続した一定の長さ以上になると，花芽を形成する植物であり，例として，~~オオムギ，ホウレンソウ~~（キク，コスモス）があり，~~春に~~（夏から秋にかけて）開花する。

**3** 光中断は，暗期の途中に光を短時間当てて暗期を中断することであり，これにより連続した暗期が限界暗期以下になると，短日植物では花芽ができず，長日植物では花芽ができる。

**4** 春化処理は，秋まき植物の発芽種子への低温処理であり，秋まきコムギでは，冬の低温と~~冬の短日条件~~（春の長日条件）で花芽が形成されることから，発芽後に~~氷点下の温度~~（➡氷点下の必要はない）で保存し，春にまいて開花させる。

**5** 光発芽種子は，光によって発芽が促進される種子で，発芽を促す光として，~~近赤外光~~（赤色光）が有効であり，~~近赤外光の照射直後に赤色光が照射~~（赤色光の照射直後に遠赤色光が照射）されると，~~近赤外光~~（赤色光）の効果は打ち消され発芽しなくなる。

難易度 ★★★　重要度 ★★★

**1** [Ⓐ　　　　] は，暗期が限界暗期以下になると花芽を形成する植物である。開花時期は春から初夏にかけてで，これに当てはまる植物はアブラナ，コムギ，ホウレンソウなどである。キク，コスモスは秋に開花する短日植物である。

**2** [Ⓑ　　　　] は，暗期が限界暗期以上になると花芽を形成する植物である。開花時期は夏から秋にかけてで，これに当てはまる植物はアサガオ，キク，コスモスなどである。オオムギ，ホウレンソウは春に開花する長日植物である。

**3** 正しい。暗期の途中に光を短時間当てて暗期を中断すると，暗期が二分される。[Ⓒ　　　　] は連続した暗期であるから，二分された暗期がどちらも限界暗期以下になると，短日植物では花芽を形成せず，長日植物では花芽を形成するようになる。

**4** 秋まきコムギは越年生植物である。このような植物では，日長が長日条件になる前に一定期間低温（0 ～ 10℃）にさらされる必要があり，これを [Ⓓ　　　　] という。また，コムギは長日植物であり，花芽の形成は長日条件で行われる。

**5** 光発芽種子で，発芽を促進する光としては赤色光が有効であり，赤色光の照射直後に遠赤色光が照射されると赤色光の効果は打ち消されて発芽しなくなる。ただし，その後に [Ⓔ　　　　] を照射すると再び発芽する。

## Point

- □ 種子の発芽にはジベレリンが関与する。レタスなどの光発芽種子では，赤色光を当てると近赤外光吸収型の色素タンパク質が増え，ジベレリンが合成され，胚が成長できるようになる。
- □ 葉が生い茂った環境の地面では，赤色光に比して遠赤色光の届く割合が大きい。光発芽種子は，赤色光によって発芽が促進され，遠赤色光によって抑制される。発芽後の光合成に必要な光を十分に得るための機構と考えられる。
- □ 春化とは別に，種子の段階である期間５℃前後の低温で過ごしたあとに発芽する種子がある。このような種子を低温要求種子といい，バラやリンゴなどがそうである。

Ⓐ：長日植物，Ⓑ：短日植物，Ⓒ：限界暗期，Ⓓ：春化，Ⓔ：赤色光

# 植物の調節

## 植物の恒常性と調節に関する記述として正しいものはどれか。

平成5年度
国家Ⅰ種

**1** 温室で栽培されているユリは，通路際に植えられているもののほうが丈が高く，また，速く成長して花を咲かせる。これは，~~植物に接触したり，振動を与えると~~成長促進作用を持つ植物ホルモンが多く作られるためである。
通路際に植えられたものがより多くの光刺激を受け

**2** ヤナギの枝を切り取って乾かないようにしておくと，上下に関係なく常に茎頂側の端から芽が，その反対から根が生ずる。これは植物が再生するとき，枝の極性の影響を受けるからである。

**3** キャベツやレタスは寒冷地方の高原で栽培されることが多い。これは~~低温の状態である一定期間以上経過させた後でないとキャベツなどの中心の葉が玉にならず，結球のまま生育しないからである。~~
➲夏の暑い時期にも収穫できるようにするため

**4** トマトやキュウリの栽培においては，日照時間をシェードなどで人工的に調節することによっていつでも~~花芽を形成させることができる~~。これはトマトやキュウリが~~光周性を持ち~~，~~短日植物~~であるからである。
➲花芽は形成されない
➲光周性を持たない　中性植物

**5** 植物を暗所で育てると葉が動かず茎だけ伸びた黄化植物（もやし）になるが，これに~~光を与えても緑色の正常植物にはならない~~。これはクロロフィル形成組織が~~発芽時に光がないとできない~~からである。
➲光を与えると緑色の正常植物になる
➲成長する過程で光が当たればクロロフィルが生成される

難易度 ★★★　重要度 ★★

**1** 植物の成長は，光，重力，水，温度などの［Ⓐ　　　　　］に影響を受ける。温室栽培では，重力，水，温度については同じ室内での差がほとんどないから，成長の差は光刺激によるものと考えられる。植物に加わる接触や振動はストレスとなり，［Ⓑ　　　　　］に働くことが多い。

**2** 正しい。ヤナギの枝を切り取り，湿り気のある空気中につるしておくと，先端側から［Ⓒ　　　　　］が，基部側から［Ⓓ　　　　　］が分化し，枝の上下を逆にしても変わらない。これは，ヤナギの枝に極性があり，成長促進物質であるオーキシンは植物体の先端部から基部に向かって能動輸送されるためである。

**3** キャベツやレタスは，夏や秋に収穫されるものは高原などの冷涼地で栽培されることが多いが，冬や春に収穫されるものは全国各地で栽培されている。結球は成長とともに［Ⓔ　　　　　］が葉の裏側に偏ることで起こる。なお，結球を始める気温は 13 ～ 20℃であり，低温が条件にはなっていない。

**4** トマトやキュウリは中性植物である。したがって，日照時間を人工的に調節しても花芽は形成されない。逆に，ある程度生育すれば温度や日長にかかわりなく，花芽を形成することができる。

**5** 植物を暗所で発芽させると，［Ⓕ　　　　　］は葉緑体に分化することができず，プロプラスチド（原色素体）になり，黄化する。しかし，黄化葉に光照射すると，プロプラスチドから葉緑体への分化が誘導される。

## Point

- □ オーキシンは成長促進物質の総称である。移動の方向は茎の先端などから基部へと決まっている。
- □ 細胞内のミトコンドリアやプラスチド（色素体）には独自のDNAが存在し，形態形成の過程で分裂・増殖して娘細胞に分配される。このうち，プラスチドに光が当たることでクロロフィルが生成される。

Ⓐ：環境要因，Ⓑ：成長阻害，Ⓒ：不定芽，Ⓓ：不定根，Ⓔ：オーキシン，Ⓕ：プラスチド（色素体）

# 植物ホルモン

## 植物ホルモンに関する記述として最も妥当なのはどれか。

平成23年度
国税専門官

**1** オーキシンは，花成ホルモン（フロリゲン）とも呼ばれ，植物種ごとに特有の構造式を持っている。植物の内分泌腺から分泌され，花芽の分化や種子形成を促進するなど生殖過程を調節する働きがある。

➡複数の物質の総称である
➡そういう事実はない
➡植物には内分泌腺は発達していない
➡植物の成長全般に働く

**2** サイトカイニン（オーキシン）は，茎の先端で合成され，基部方向へ移動して，茎や葉の伸長や根の分化など，植物の成長に広く関与している。光の当たる側（反対側）に集まる性質があり，濃度が高くなった部分の成長が促進されるので，植物体が光の方向に屈曲する。

**3** ジベレリン（アブシシン酸）は，水分の不足などの乾燥のストレスに伴って根（葉）で作られ，葉に移動して気孔を開く（閉じる）作用がある。成長や発芽を抑制したり休眠を誘導したりする働きもあるため，種子，球根などに多く含まれる。

**4** アブシシン酸（ジベレリン）は，イネの病気の研究から日本人が発見した物質で，休眠を解除し植物体の成長を促進する。種子を形成せずに果実が成長する単為結実にも関与するので，この性質を用いて種なしブドウを作成することができる。

**5** エチレンは，果物の成熟を促し，落葉を促進するなど植物の老化の過程に作用している。成熟したリンゴと未熟なバナナを同じ容器に入れて密閉しておくと，リンゴが放出するエチレンによってバナナの成熟が進む。

難易度 ★★★　重要度 ★★★

**1** オーキシンは，植物の成長を促進する物質の総称である。マカラスムギの幼葉鞘を使った［Ⓐ　　　　　］の研究で発見され，細胞の伸長促進のほか，細胞分裂の促進，頂芽優勢，不定根の形成促進など，植物の成長全般にかかわっている。フロリゲンは植物の花芽形成を誘導するホルモンである。

**2** サイトカイニンは，オーキシンと同様に成長を促進する物質の総称である。オーキシン存在下でオーキシンとともに働き，細胞分裂や発芽を促進する。また，［Ⓑ　　　　　］から茎や葉の分化を促進し，葉の老化を防ぐ働きもある。

**3** ジベレリンは，イネの苗が異常に成長してしまう［Ⓒ　　　　　］のもとになるカビの研究過程で抽出された物質で，多数の種類が知られ，矮性植物の伸長や発芽の促進，長日植物の花芽形成などのほかに，子房の発達促進（［Ⓓ　　　　　］の作成）に働いている。

**4** アブシシン酸は，落葉促進物質としてワタの果実の抽出物から発見された。種子や芽の休眠誘導，葉の老化促進，［Ⓔ　　　　　］の閉鎖などに働くほか，エチレンの発生を促進する。

**5** 正しい。エチレンは，ガス燈による街路樹の落葉などの原因究明から発見された。茎の伸長促進を抑制するとともに果実の成熟を促進し，［Ⓕ　　　　　］の形成を促進する（落葉・落花・落果の促進）。人工的なバナナの熟成では，加工室内でエチレンガスと温度，湿度の調整によりバナナの熟成を促している。

## Point

□ マカラスムギの幼葉鞘に光を当てると，オーキシンが光を当てた反対側へ移動し，下方へ輸送され，その部分が伸長して曲がる。これを光屈性という。

□ 種なしブドウは，花にジベレリン処理をして単為結実させ，再度ジベレリン処理をして果肉を成長させる。

Ⓐ：光屈性（屈光性），Ⓑ：カルス，Ⓒ：イネ馬鹿苗病，Ⓓ：種なしブドウ，Ⓔ：気孔，Ⓕ：離層

# ヒトの体液

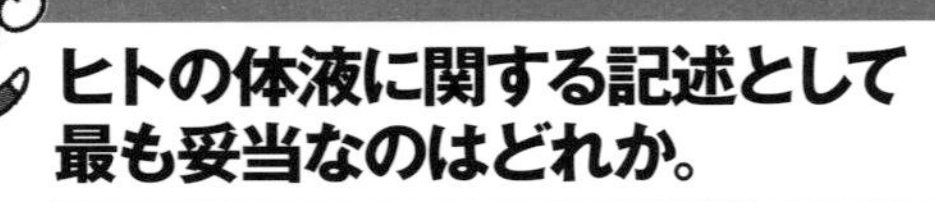
ヒトの体液に関する記述として最も妥当なのはどれか。

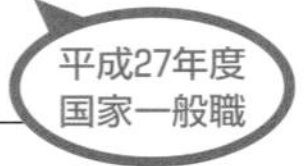


**1** 体液は，通常，成人男子では体重の約~~40%~~を占め，血管内を流れる血液と，
60%
細胞の細胞間を満たす~~リンパ液の２つ~~に大別される。
組織液，リンパ管内を流れるリンパ液の３つ

**2** 血液は，一般的に~~静脈~~を通って毛細血管に達し，血液の液体成分である血しょ
動脈
うの一部が，毛細血管壁から染み出ると~~すべてリンパ液となる~~。
組織液となり，そのほとんどはリンパ管へ
入りリンパ液となる。

**3** 赤血球~~の核~~に多量に含まれているヘモグロビンは，~~主に栄養分や老廃物~~を体内
➲ヒトの赤血球に核はない。　酸素
で運搬する役割を果たしている。

**4** 白血球は，毛細血管壁を通り抜けて血管外に出ることができ，一部の白血球には，体内に侵入した病原体などの異物を取り込み，それを分解する働き（食作用）がある。

**5** 血しょうは，粘性のある淡黄色の液体で，約~~60%~~が水であり，~~主に酸素と結~~
90%
~~び付くことによって各組織に酸素~~を運搬する役割を果たしている。
グルコースなどの栄養分，二酸化炭素，尿素などの老廃物

難易度★★★　重要度★★★

**1** 血液は，赤血球，白血球，［Ⓐ　　　　　］からなる有形成分と，液体成分の［Ⓑ　　　　　］に分けられる。有形成分は，血液の質量の約45%を占めている。

**2** 心臓から送り出される血液が流れる血管を動脈，心臓へ戻る血液が流れる血管を静脈という。肺から心臓へ戻る血液の流れる［Ⓒ　　　　　］は，酸素ヘモグロビン濃度の高い［Ⓓ　　　　　］が流れる。

**3** ヒトの赤血球は核がなく，直径が8μ程度の中央が凹んだ円盤状をしている。寿命は100～120日で，［Ⓔ　　　　　］でつくられ，脾臓や肝臓で壊される。

**4** 正しい。白血球には，病原体などの異物を取り込んで分解する単球，好中球のほか，分解された抗原の一部を細胞表面に情報として提示する（抗原提示）マクロファージや樹状細胞，提示された抗原の情報を受け取り，抗原に対応するリンパ球の増殖を促進するヘルパーT細胞，抗体産生細胞に分化・増殖する［Ⓕ　　　　　］などがある。

**5** ヒトの循環系は，血管系とリンパ系からなっている。毛細血管から細胞間にしみ出した血しょうは組織液となり，次第にリンパ細管（末梢リンパ管）へ吸収され，毛細血管に戻ることはない。リンパ細管は集合して，次第に太くなり，［Ⓖ　　　　　］へ合流する。

## Point

- □ ヒトの血液の有形成分は，1 $mm^3$ 当たり赤血球が450～500万個，白血球が5000～9000個，血小板が20～40万個である。
- □ ヒトの血しょうの成分は，約90%が水，タンパク質が7～8%，脂質が約1%で，これらのほかにグルコースなどの糖質，無機塩類などが含まれる。
- □ リンパ液の成分は血しょうと類似しているが，有形成分のリンパ球やマクロファージを含んでいる点が異なる。リンパ管にあるリンパ節では，抗原をとらえ免疫応答を行っている。

Ⓐ：血小板，Ⓑ：血しょう，Ⓒ：肺静脈，Ⓓ：動脈血，Ⓔ：骨髄，Ⓕ：B細胞，Ⓖ：鎖骨下静脈

# 免　疫

## 免疫に関する記述として最も妥当なのはどれか。

平成30年度
国家総合職

**1** 他人の臓器を移植した際に拒絶反応が起こることがある。これは，赤血球の一種である好中球やマクロファージなどの食細胞が，移植された臓器を非自己と認識し，臓器の細胞をその種類にかかわらず取り込んで消化，分解するためである。このような食細胞による食作用を主とする免疫反応は，細胞性免疫と呼ばれる。

白血球
樹状細胞
➲抗原提示を受けたT細胞が活性化，これによってキラーT細胞が移植臓器を攻撃する

**2** 体内に侵入した病原体などの異物である抗原が認識されると，それに対抗する物質である抗体が作られる。抗体は，免疫グロブリンというタンパク質からなり，その抗体を作らせる原因となった抗原のみと結合する性質を持っている。この抗原抗体反応によって，抗原は，不活性化されたり，食作用を受けやすくなったりして排除される。

**3** ヒトには自然免疫という免疫現象がある。自然免疫では，ある抗原の最初の侵入に対し，生まれながらに備わった記憶細胞が抗体を大量に作るという一次応答が起こるが，抗体の一部が体内に残るため，同じ抗体の2回目以降の侵入に対しては，記憶細胞が少量の抗体を作ることで速やかに抗原を排除することができる。

体液性免疫
体液性免疫
➲B細胞が活性化，増殖し生じた形質細胞が抗体を作る
B細胞やT細胞
大量

**4** 血清療法は，毒性を強めた病原体を抗原として他の動物に接種し，抗原の毒性を弱めたのち，その抗原からなる血清を患者に注射して抗体を作らせる方法であり，発症を未然に防いだり，症状を和らげたりする。この療法はヘビ毒の治療に用いられるが，破傷風のような非常に強い毒素を作る感染症の治療では用いられない。

病原体や毒素
二次応答で抗体を作らせた
抗体が含まれる
抗体を除去する
➲予防にはワクチンが有効
用いられる

**5** アレルギーとは，体内に侵入した毒素に対して過敏に免疫反応を起こし，ぜんそく，くしゃみなどの体に不都合な症状が現れることをいう。わが国では，アレルゲンを含む食品の中でも，卵，トウモロコシ，蜂蜜などは，発症数や重篤度の観点から，加工食品に使用した場合，食品表示法によってそれらを含む旨の表示が義務付けられている。

えび，かに，小麦，そば，乳，落花生

難易度 ★★★ 重要度 ★★★

**1** 赤血球以外の核を持つ血球を総称して［Ⓐ　　　］と呼ぶ。この一種である好中球は，体内に侵入した細菌などの異物には反応するが，移植した臓器などへは直接攻撃できない。

**2** 正しい。食作用によって病原体などを取り込んだ樹状細胞が，リンパ節において［Ⓑ　　　］に抗原提示を行う。抗原提示を受けた［Ⓑ　　　］は増殖し，同じ抗原を認識したB細胞を活性化，増殖させる。活性化したB細胞は形質細胞となり，大量の抗体を産生する。

**3** 同じ抗原の２回目の侵入では記憶細胞が即座に活性化・増殖し，一次応答よりも大量の抗体を産生する。自然免疫は，マクロファージ，好中球，［Ⓒ　　　］がかかわる免疫現象で，食作用によって異物を除去する。なお，［Ⓒ　　　］は獲得免疫の開始にも携わる。

**4** 血清療法は，破傷風を研究していた北里柴三郎とジフテリアを研究していたベーリングによって発見，発表された。抗血清はヒトにとっては異物であるため，投与されたヒトの体には，抗血清の成分に対する抗体が作られることもあり，さまざまな障害をもたらす可能性も大きい。一方，予防接種の際に投与される［Ⓓ　　　］は病原体を死滅させたり弱毒化させたりしたもので，ヒトの体に投与することで一次応答を起こさせ，以後の感染において速やかな二次応答が起きることで発症が抑えられるようにしている。

**5** 食品表示が義務づけられている７品目（卵，えび，かに，そば，小麦，乳，落花生）は特定原材料と呼ばれる。アレルゲンの摂取による急激な血圧低下や呼吸困難等，全身性の重篤な症状を［Ⓔ　　　］という。

## Point

- □ AIDS（後天性免疫不全症候群）は，HIV（ヒト免疫不全ウイルス）により引き起こされる。HIVはヘルパーT細胞に感染し，これを破壊する。AIDSを発症すると，細胞性免疫と体液性免疫の両方が機能しなくなるため，健康な状態では感染しないような病原体に感染・発症することある。これを日和見感染という。
- □ 自己免疫疾患は，自己の成分に対して抗体が生じたり，キラーT細胞が攻撃したりすることで生じる。

Ⓐ：白血球，Ⓑ：ヘルパーT細胞，Ⓒ：樹状細胞，Ⓓ：ワクチン，Ⓔ：アナフィラキシーショック

# ヒトの生体防御

## ヒトの生体防御や老廃物排出に関する記述として最も妥当なのはどれか。

平成21年度
国家Ⅱ種

**1** 体内にウイルスや細菌などの抗原が侵入すると，~~血小板~~（リンパ球）の一種であるT細胞とB細胞の働きによってこれを排除するタンパク質である抗体が生成され，抗体と結合した抗原は~~赤血球~~（マクロファージ）の食作用により処理される。
➲無毒化され，排除される

**2** ヒトの体は，以前に侵入した抗原に対する免疫記憶があり，2回目以降の侵入にすみやかに多量の抗体を生産して反応できる。この性質により体に直接害のない異物に過剰な抗原抗体反応が引き起こされ，生体に不都合な症状が起きることをアレルギーという。
➲アトピー性皮膚炎，アレルギー性鼻炎（花粉症），アレルギー性気管支ぜんそくなど

**3** 肝臓では血液中の有害物の無毒化や不用代謝物の分解が行われ，その~~ランゲルハンス島~~（肝小葉）の細胞で，タンパク質の分解によって生じた毒性の強いアンモニアが無毒の~~アミノ酸~~（尿素）に~~分解~~（合成）される。
➲ランゲルハンス島はすい臓の組織である

**4** 腎臓では，腎小体で血液がろ過されて原尿が作られる。この原尿は，細尿管を通過する際にアミノ酸が，~~次の膀胱で残りの多量の水分と無機塩類~~が血液中に再吸収されて，尿素が濃縮される。
➲膀胱に再吸収の働きはない。集合管でさらに水が再吸収される

**5** 一部のホルモンは腎臓の再吸収の作用に関係しており，脳下垂体後葉から分泌される~~アドレナリン~~（バソプレシン）は水の再吸収を促進し，副腎皮質から分泌される~~インスリン~~（鉱質コルチコイド）は無機塩類の再吸収を調節する。
➲副腎髄質から分泌されるアドレナリンは血糖値の増加に，すい臓のランゲルハンス島から分泌されるインスリンは血糖値の減少に働く

難易度 ★☆☆　重要度 ★★★

**1** 免疫系で異物と認識される物質を抗原といい，それに対して抵抗性を持つことを免疫という。免疫の働きは，白血球の一種である［Ⓐ　　　　］による食作用と，リンパ球の一種であるT細胞やB細胞による抗体の産生によって行われる。

**2** 正しい。抗原と抗体の特異的な反応を［Ⓑ　　　　］という。同一の抗原が再び体内に侵入すると，記憶B細胞によって，直ちに抗体が産生されるため，同一の病気にはかかりにくい。しかし，その反応が過敏になると，特定のタンパク質や花粉，ちりなどを抗原と認識して［Ⓒ　　　　］反応を起こすことがある。

**3** 肝臓は人体最大の臓器であり，栄養物質の代謝や貯蔵，胆汁の合成，血液の調節，発熱などの働きを行うほか，有害なアンモニアから無害な尿素を合成したり，毒物を無毒化したりするなどの働きを持ち，［Ⓓ　　　　］の維持に大きく関与している。再生能力に優れ，損傷を受けても短期間で再生復元する。

**4** 腎臓の腎小体では，タンパク質や血球以外の血液成分がろ過され，細尿管へ送られる。このうち，［Ⓔ　　　　］のすべてと必要な水分，無機塩類が細尿管を取り巻く毛細血管に再吸収され，さらに集合管で水分が再吸収される。

**5** 腎臓での再吸収にはホルモンが関与している。血液の浸透圧上昇を間脳の［Ⓕ　　　　］が受けると，脳下垂体後葉からバソプレシンが分泌され，水分の再吸収が促進される。また，血液中の$Na^+$濃度が低下すると，副腎皮質から鉱質コルチコイドが分泌され，$Na^+$の再吸収が促進される。

**Point**

- □ アレルギー症状で鼻水などが出るのはヒスタミンの働きで，白血球や血液成分が血管から浸出するためである。
- □ 肝臓の尿素合成は肝細胞が持つオルニチン回路と呼ばれる反応系で行われる。この反応にはATPが必要である。

Ⓐ：マクロファージ，Ⓑ：抗原抗体反応，Ⓒ：アレルギー，Ⓓ：恒常性，Ⓔ：グルコース，Ⓕ：視床下部

# 生体防御系

## ヒトの生体防御系に関する次の記述のうち，妥当なものはどれか。

平成10年度
国税専門官

**1** ツベルクリン反応は，注射した結核菌の死菌ワクチンに含まれる抗体と注射された感染者の抗原が炎症を起こす反応で，陽性者は結核を発症している。
（死菌ワクチン→由来のタンパク質，抗体→抗原，抗原→キラーT細胞）

**2** ABO式血液型でA型の血液をB型のヒトに輸血すると，A型の血液中の抗原がB型のヒトの血清中の抗体によって認識されて赤血球の凝集が起こる。

**3** HIV（ヒト免疫不全ウイルス）は，ウイルス本体を分解するヒトの酵素の活性を失わせることによって，最終的にヒトの生命維持を不可能にする。
（ウイルス本体を分解するヒトの酵素の活性を失わせる→免疫機構の中枢であるヘルパーT細胞を破壊する）

**4** 花粉症とは，大気中に飛散した花粉が抗原となって生ずるアレルギー反応で，治療薬としてはペニシリンなどの抗生物質が用いられる。
（ペニシリンなどの抗生物質→ステロイドや抗ヒスタミン剤など）

**5** 臓器移植における拒絶反応は，移植した臓器中の抗体が移植先の周辺組織の抗原を自己ではないと認識して攻撃する反応である。
➲移植した臓器の細胞を異物とみなす細胞性免疫。抗体は関与しない

難易度 ★★★ 重要度 ★★★

**1** 結核菌感染の診断に用いられるツベルクリン反応は，結核菌由来のタンパク質（抗原）を接種し，この抗原に対して現れる反応によって感染を判別するものである。結核菌の感染を受けたり［Ⓐ　　　　］ワクチンを接種したりした生体にツベルクリンを皮内注射すると，その局所に 48 時間をピークとして出現する発赤・硬結を主体とする皮膚反応が起こる。

**2** 正しい。A 型血液は A 抗原を発現する遺伝子を，B 型血液は B 抗原を発現する遺伝子を持っており，A 型血液を B 型血液に，または，B 型血液を A 型血液に輸血すると，それぞれの血清中の［Ⓑ　　　　］によって認識され，［Ⓒ　　　　］の凝集が起こる。

**3** HIV は，ヒトの免疫細胞（［Ⓓ　　　　］）に感染し免疫細胞を破壊して，免疫不全を発症させるウイルスである。非常に変異しやすいウイルスのため，多種多様な型があり，ワクチンを作成することは困難であるといわれている。

**4** 特定の抗原に対して［Ⓔ　　　　］の免疫反応が起こることをアレルギーという。アレルギーが起こる原因ははっきりしないが，アレルギーを引き起こす環境由来の抗原を特に［Ⓕ　　　　］と呼ぶ。抗生物質は微生物が産生し，他の微生物の増殖を抑制する働きをするが，アレルゲンとなることもある。

**5** 臓器を受け入れる側の周辺組織が，移植する臓器を異物と認識して［Ⓖ　　　　］反応が起こり，拒絶反応を示す。本来，自分の臓器の一部（部位）を他へ移す場合には拒絶反応は起こらないが，他人の臓器を移植すると，諸所の要件を合わせたとしても何らかの反応が現れるのが普通である。

## Point

- □ 血液の凝集は，抗原抗体反応の一種で，赤血球の表面にある凝集原が抗原になり，血しょうに含まれる凝集素が抗体になる。
- □ 花粉は本来毒ではないが，これに過剰に反応して排除に働くと花粉症となる。したがって，治療薬はアレルギー症状を軽減する（免疫応答を抑える）ための薬品となる。

Ⓐ：BCG，Ⓑ：抗体，Ⓒ：赤血球，Ⓓ：ヘルパー T 細胞，Ⓔ：過剰，Ⓕ：アレルゲン，Ⓖ：免疫

# 血糖量の調節

## 血糖値の調節に関する記述として，最も妥当なのはどれか。

平成23年度
消防官

**1** 血糖値が下がると，間脳の視床下部がこれを感知し，直接または交感神経を経て，低血糖の情報がすい臓のランゲルハンス島のA細胞に伝えられ，グルカゴンが分泌される。

**2** 血液中の~~インスリンの濃度~~（グルコース濃度）を血糖値という。ヒトの血糖値は，血液100mL当たり約100mg程度（約0.1％）で，ほぼ一定に保たれている。

**3** アドレナリンやグルカゴンは，グリコーゲンの~~合成~~（分解）を促して，グルコースを血中に放出して血糖値を上げる。

**4** インスリンは，細胞への糖の取り込みや肝臓でのグリコーゲンの~~分解~~（合成）を促して血糖値を下げる。

**5** 血糖値が上昇すると，間脳の視床下部がこれを感知し，直接または~~交感神経~~（副交感神経）を経て，高血糖の情報がすい臓のランゲルハンス島のB細胞に伝えられ，インスリンが分泌される。

難易度 ★★★　重要度 ★★★

**1** 正しい。間脳の視床下部で低血糖を感知すると，交感神経が働き，すい臓のランゲルハンス島のA細胞よりグルカゴンが分泌され，副腎髄質より［Ⓐ　　　　］が分泌される。また，脳下垂体前葉から副腎皮質刺激ホルモンが分泌され，副腎皮質から［Ⓑ　　　　］が分泌される。これらはいずれも血液中の血糖量の増加に働く。

**2** 血液中に含まれるグルコース（ブドウ糖）の量を血糖量といい，血液中のグルコース濃度を血糖値という。インスリンは血糖が増加したときに分泌され，血液中のグルコースを減少させる。

**3** アドレナリン，［Ⓒ　　　　］，糖質コルチコイドは，いずれも血液中のグルコースの量を増加させる働きをする。つまり，肝臓や筋肉に蓄積しているグリコーゲンをグルコースに分解し，血液中に送り出す働きをしている。

**4** ［Ⓓ　　　　］が分泌されると，各組織の細胞でのグルコースの吸収や分解（燃焼）が促進され，肝臓などでグルコースのグリコーゲンへの合成が促進される。これによって血液中の血糖量が減少し，血糖値が正常に戻る。

**5** 血糖値が上昇すると，間脳の［Ⓔ　　　　］がそれを感知して，［Ⓕ　　　　］を通じてすい臓のランゲルハンス島B細胞を刺激し，インスリンを分泌させる。このとき，ランゲルハンス島B細胞自体も血糖値の上昇を直接感知してインスリンを分泌する。

## Point

- ☐ 血液中のグルコースは呼吸の材料として使われ，重要な役割を果たしている。しかし，血糖値の高い状態が続くと，体の組織の変化や免疫力の低下が起こり，全身に障害が出ることがある。このため，血液中の血糖量の変化を感知し，フィードバックによって血糖量の増加と減少を繰り返してほぼ一定の値に保っている。
- ☐ 血糖値の上昇には複数の方法で働くが，血糖値の下降にはインスリンの分泌しか働かない。

Ⓐ：アドレナリン，Ⓑ：糖質コルチコイド，Ⓒ：グルカゴン，Ⓓ：インスリン，Ⓔ：視床下部，Ⓕ：副交感神経

# 動物の恒常性

## 動物の恒常性の維持に関する記述として最も妥当なのはどれか。

平成20年度
国家Ⅰ種

**1** 淡水に生活する単細胞生物のゾウリムシは，外部環境として存在する淡水に直接に接しているが，ゾウリムシの細胞の浸透圧は外部の~~水とほぼ等しいため~~，細胞内の不要な水分を細胞の外にくみ出すための~~器官は必要なく~~，~~その代わりに細胞内の老廃物を運び出すナトリウムポンプと呼ばれる能動輸送を行うこと~~で浸透圧の調整を行っている。

水より高張なため
➲浸透圧を調節するための収縮胞がある
➲ナトリウムポンプとは関係ない

**2** 動物の体内で異化により生成されるアンモニアは動物細胞にとって有害であるため，~~すべての動物~~は，体内に生じたアンモニアを体内の~~クエン酸回路~~により無害な尿素あるいは尿酸に~~分解~~して排出している。

ほとんどの陸上の脊椎動物
オルニチン回路
合成

**3** 脊椎動物の神経系のうち，意志とは無関係に内臓などの働きを調整するものを自律神経系といい，その最高位の中枢は~~大脳~~にある。自律神経系には交感神経系と副交感神経系があり，互いに拮抗的に働く。交感神経の働きが高まると，心臓の拍動が促進されたり，消化器官の運動が~~促進~~されたりする。

間脳
抑制

**4** ヒトのリンパ系は，~~血管系とは独立した系~~で，リンパ液は~~リンパ管の自律的な収縮運動~~によって全身を循環している。リンパ液には~~血小板~~の一種であるリンパ球が含まれ免疫反応を担っているが，赤血球が含まれないため，~~酸素を運ぶ役割はリンパ球が果たしている~~。

➲血管系と完全に独立してはいない
呼吸や運動（筋肉の動き）など
白血球
➲リンパ球に酸素を運ぶ機能はない

**5** ヒトの老廃物を含んだ血液は，腎臓に入り糸球体を通ると，血球やタンパク質などの大きな分子を除く成分がボーマン嚢（のう）へ原尿としてこし出される。原尿が細尿管を通る間に，グルコース，無機塩類，水などは細尿管を取りまく毛細血管に再吸収されるが，尿素などの老廃物はあまり再吸収されないため濃縮され，尿としてぼうこうから排出される。

難易度 ★★★　重要度 ★★★

**1** 能動輸送の一つに，ナトリウムポンプがある。これは，細胞内のナトリウムイオン（$Na^+$）の濃度が高くなると，ナトリウムポンプによって，細胞外に$Na^+$を出し，[Ⓐ　　　　] を取り込むという働きである。ゾウリムシが収縮胞を使って細胞内の水をくみ出すのは収縮胞の収縮運動によるもので，ナトリウムポンプとは関係ない。

**2** 肝臓にはアンモニアを尿素（尿酸）に変えて無毒化する経路があり，これを [Ⓑ　　　　] という。なお，水中で生活する無脊椎動物や硬骨魚類はアンモニアのまま排出している。クエン酸回路は好気呼吸の過程でミトコンドリアのマトリックスで行われる生化学反応である。

**3** 自律神経の最高位の中枢は間脳の [Ⓒ　　　　] である。交感神経は間脳の視床下部から脊髄を経て交感神経節に入り，そこから次の神経に中継されて各器官に分布する。副交感神経は中脳，延髄，脊髄を経て直接各器官に分布する。一般に，興奮や緊張などしたときには [Ⓓ　　　　] が働く。

**4** 毛細血管からしみ出した血しょうが細胞間隙を満たす組織液となり，その余剰分がリンパ液としてリンパ管の中に入り，リンパ系によって循環する。リンパ系はリンパ管と [Ⓔ　　　　] などからなるが，その循環は呼吸や運動など，体の動きによって起こるゆるやかなものである。

**5** 正しい。血球や [Ⓕ　　　　] を除くほとんどの成分が腎小体でろ過されてボーマン嚢（のう）に入り，原尿となる。このうち，尿素などの不要物と余分な水分，無機塩類などは集合管に送られて水分の再吸収が行われたのち，尿になる。それ以外の物質は，毛細血管に再吸収される。

- □ ボーマン嚢にこし出された原尿は1日に約170Lにもなる。原尿は細尿管を通る間にグルコースについてはすべてが，水と無機塩類については必要量が能動輸送によって血管に再吸収される。
- □ 原尿から再吸収される水や無機塩類の量は，バソプレシンなどのホルモンによって調節される。

Ⓐ：カリウムイオン（$K^+$），Ⓑ：オルニチン回路(尿素回路)，Ⓒ：視床下部，Ⓓ：交感神経，Ⓔ：リンパ節，Ⓕ：タンパク質

# ヒトの臓器

## ヒトの臓器の働きに関する次の記述のうち，妥当なものはどれか。

平成11年度
国税専門官

**1** 心臓は，血液を全身に送り出す~~右心房~~の壁が~~左心房~~の壁より厚くなっており，
左心室　右心室
自律神経からの命令で拍動している。

**2** 肝臓は，血液中の~~グリコーゲン~~を貯蔵する働きに加えて，~~トリプシンという脂質分解酵素を分泌~~して血液中のコレステロール量を調節している。
グルコースをグリコーゲンに変えて
➲酵素は持たないが，脂質の分解に関与する胆汁を分泌している

**3** すい臓は，リパーゼという酵素を分泌して脂質を分解する働きに加え，ランゲルハンス島からグルカゴンとインスリンというホルモンを分泌して血糖量を調節している。

**4** 腎臓は，~~アンモニアから尿素を合成する解毒作用を有する~~とともに，血液中の不要物質をろ過することによって，体液の成分調節を行っている。
➲これは肝臓の働きである

**5** 肺は，赤血球内のヘモグロビンと気体中の酸素を結びつけることで酸素を体内に取り込む~~とともに，この赤血球を生産，分解し，血液中の赤血球量を調節する作用を持っている~~。
➲血球の生産は骨髄である

難易度 ★★★　重要度 ★★★

**1** ヒトの心臓は2心房2心室からなり，血液を送り出す心室は筋肉の壁が厚く，2つの心室のうち，全身に血液を送り出す［Ⓐ　　　　］の壁が最も厚い。

**2** 肝臓は，血液中のグルコース（ブドウ糖）をグリコーゲンに変えて貯蔵する働きを持つほか，解毒作用や赤血球を分解したり，アンモニアを毒性の少ない尿素につくり変えたりする働きを持っている。トリプシンは［Ⓑ　　　　］から分泌される［Ⓒ　　　　］を分解する酵素である。また，肝臓には血液中のコレステロール量を一定に保つ働きがあり，血液中のコレステロールが減少すると，肝臓で合成される。

**3** 正しい。すい臓から分泌される［Ⓓ　　　　］は，脂肪を分解する酵素である。また，すい臓のランゲルハンス島A細胞からは血糖量を増加させるグルカゴンが，B細胞からは血糖量を低下させるインスリンが分泌される。

**4** アンモニアを尿素につくり変える働きをしているのは肝臓である。腎臓は，尿素をはじめとする不要物のろ過を行い，水分の調節によって体液の［Ⓔ　　　　］を調節している。

**5** 肺はガス交換を行うだけの器官である。赤血球は骨髄にある幹細胞からつくられ，肝臓や［Ⓕ　　　　］で分解される。

## Point

- [ ] 通常，内臓筋は自律的に動く不随意筋であり，平滑筋である。収縮がゆるやかで，収縮力も小さいが，疲労しにくい性質を持っている。しかし，心臓をつくる心筋は収縮が速く，収縮力も大きい横紋筋である。
- [ ] すい臓から分泌されるすい液には，トリプシン，キモトリプシン，アミラーゼ，リパーゼのほか，DNA分解酵素，RNA分解酵素などが含まれている。
- [ ] 赤血球を生産するのは骨髄であるが，古くなった血球を壊す働きをするのは脾臓および肝臓である。

Ⓐ：左心室，Ⓑ：すい臓，Ⓒ：タンパク質，Ⓓ：リパーゼ，Ⓔ：浸透圧，Ⓕ：脾臓

# 細胞の構造

## 細胞の構造物に関して正しいものを選べ。

平成17年度 警察官

**1** リボソームは小さな球状の粒子で，小胞体に付着すると粗面小胞体を形成する。核内のDNAの遺伝暗号に基づいてタンパク質を合成する機能を持つ。

**2** 核は核膜と呼ばれる~~一重~~（二重）の膜に囲まれた部分で，遺伝子の本体である~~mRNA~~（DNA）とタンパク質からなる染色体を中に含む。

**3** リソソームは一重の膜に覆われた球状の小器官（細胞）で，~~リボソームで合成されたタンパク質を細胞外へ輸送する機能を持つ~~。
➡これは小胞体の機能

**4** ミトコンドリアは外膜とひだを持つ内膜の二重の膜に覆われた器官で，~~光合成~~（呼吸）の場である。独自のDNAを持つ。

**5** 細胞膜は細胞質を覆う二層からなる膜で，主に~~リン酸~~（リン脂質）からできている。タンパク質や~~糖~~が埋め込まれ，特定のイオンや物質を細胞膜越しに輸送する機能を持っている。
➡糖は糖鎖としてタンパク質に結合している

難易度 ★★★　重要度 ★★★

**1** 正しい。リボソームはタンパク質と［Ⓐ　　　　　］よりなる粒状構造で，tRNA によって運ばれてきたアミノ酸を DNA から転写された［Ⓑ　　　　　］の指示どおりつなげ，タンパク質を合成する。

**2** 核は，内膜と外膜からなる二重の核膜に包まれている。核内には，遺伝子の本体である染色体（DNA とタンパク質からなる）のほか，核小体が含まれ，RNA の合成や細胞の働きを支配している。また，核膜には［Ⓒ　　　　　］と呼ばれる構造が多数あり，核の内部と周りの細胞質との間で物質をやり取りする通路になっている。

**3** リソソームは，一重の膜に包まれた小胞で，細胞内消化の場である。内部に種々の［Ⓓ　　　　　］を持ち，膜内に取り込まれた生体高分子はここで加水分解される。分解された物体のうち有用なものは，細胞質に吸収される。

**4** ミトコンドリアは，独自の DNA を持つ粒状または棒状の細胞小器官であり，［Ⓔ　　　　　］の場で，有機物を分解して得たエネルギー（ATP）は細胞のいろいろな場所に運ばれて利用される。光合成の場は葉緑体である。葉緑体も二重の膜を持ち，独自の DNA を持っている。

**5** 細胞膜は一重の膜であるが，［Ⓕ　　　　　］が向かい合わせに並んだ脂質二重層でできていて，脂質二重層にはタンパク質が埋め込まれている。細胞膜はさまざまな物質を透過させる半透膜であるが，その透過性には物質によって差がある（選択的透過性）。

## Point

- ☐ 細胞を構成する細胞小器官のうち，核，ミトコンドリア，葉緑体はその膜構造が二重である。
- ☐ RNA は，伝令 RNA（mRNA），運搬 RNA（tRNA）、リボソーム RNA（rRNA）など，その働きによってさまざまな分類がなされている。

Ⓐ：rRNA，Ⓑ：mRNA，Ⓒ：核膜孔，Ⓓ：加水分解酵素，Ⓔ：好気呼吸（呼吸），Ⓕ：リン脂質分子

# 細胞小器官

## 細胞小器官に関する記述として最も妥当なのはどれか。

平成30年度 国家専門職

**1** 細胞膜は，主にリン脂質とタンパク質からなり，リン脂質の疎水性の部分を~~外側~~（内側），親水性の部分を~~内側~~（外側）にしてできた二重層に，タンパク質がモザイク状に分布した構造をしている。細胞膜を挟んで~~物質の濃度に差があるときに，濃度の高い側から低い側に物質を透過させる性質~~（濃度差のあるなしにかかわらず，特定の物質を透過させる性質）を選択的透過性という。

**2** 核は，~~原核細胞~~（真核細胞）に存在し，細胞の形態や機能を決定する働きをしている。核の内部には染色体や１～数個の核小体があり，最外層は核膜と呼ばれる二重の生体膜である。染色体は，主にDNAとタンパク質からなり，細胞が分裂していないときには~~凝集して棒状になっているが~~（核内に分散している），分裂期には~~核内に分散する~~（凝縮して棒状になっている）。

**3** ミトコンドリアは，内外二重の生体膜でできており，内部に向かって突出している内膜をクリステ，内膜に囲まれた部分をマトリックスという。呼吸の過程は，細胞質基質で行われる解糖系，ミトコンドリアのマトリックスで行われるクエン酸回路，ミトコンドリアの内膜で行われる電子伝達系の３段階に分けられる。

**4** 葉緑体は，植物細胞に存在し，内外二重の生体膜で囲まれた内部にチラコイドと呼ばれる扁平な袋状構造を持ち，チラコイドの間をストロマが満たしている。光合成では，葉緑体の~~ストロマで光エネルギーの吸収と二酸化炭素の固定が行われた後，葉緑体のチラコイドで水が分解され，酸素と有機物が生成される~~（チラコイドで光エネルギーの吸収と水の分解が行われ，ストロマで二酸化炭素の固定が行われる）。

**5** ~~ゴルジ体~~（中心体）は，真核細胞と~~原核細胞の両方に存在し~~（➡原核細胞には存在しない），~~二重の生体膜からなる管状の構造~~（２個の管状構造の中心小体）をしており，細胞分裂の際に細胞の両極に分かれて微小管を形成するほか，べん毛，繊毛を形成する際の起点となる。~~ゴルジ体~~（中心体）は，一般的に植物細胞には見られないが，コケ植物やシダ植物の一部の細胞などで見られる。

**1** 細胞膜を挟んで濃度差がある場合，濃度差に従う物質輸送を［Ⓐ　　］，エネルギーを消費し濃度差に逆らう物質輸送を［Ⓑ　　］という。脂質二重層は，水，アミノ酸など極性のある物質，イオンなど電荷を持った物質を通しにくいため，輸送タンパク質としてチャネルやナトリウムポンプ，担体などが存在する。

**2** 真核細胞では，核内の DNA はヒストンというタンパク質に巻き付いて数珠状に［Ⓒ　　］を形成，これが折り畳まれてクロマチン繊維を形成している。分裂期には，さらに折り畳まれて凝縮し，太く短い棒状となることで光学顕微鏡で観察できる状態となる。

**3** 正しい。呼吸の過程は以下のとおり。
**解糖系**：グルコース 1 分子が［Ⓓ　　］2 分子に分解される過程。この反応で ATP が 2 分子合成される。
**クエン酸回路**：［Ⓓ　　］が二酸化炭素にまで分解される過程。この反応で ATP が 2 分子合成される。
**電子伝達系**：還元型補酵素（NADH）を $O_2$ で酸化する過程。この反応で ATP が最大 34 分子合成される。

**4** チラコイドでは，光エネルギーによって水が分解されて酸素が発生し，NADPH，ATP が合成される。ストロマでは，チラコイドでの反応により生じた ATP と NADPH を用いて，$CO_2$ を還元して有機物を合成する。この反応を［Ⓔ　　］という。ここでは光を必要としない。

**5** ゴルジ体は，一重の生体膜からなる偏平な袋が層状に重なった構造をしており，分泌にかかわる細胞小器官である。

## Point

- □ 膜構造の細胞小器官は原核細胞には存在しない。真核生物の細胞小器官で，二重膜構造のものは，核，ミトコンドリア，葉緑体である。一重膜構造のものは，小胞体，ゴルジ体，リソソーム，液胞などである。
- □ 植物細胞だけに見られる細胞小器官は，葉緑体，細胞壁，発達した液胞である。
- □ 動物細胞だけに見られる細胞小器官は，中心体である。ただし，中心体はコケ，シダなどの精子をつくる細胞にも見られる。

Ⓐ：受動輸送，Ⓑ：能動輸送，Ⓒ：ヌクレオソーム，Ⓓ：ピルビン酸，Ⓔ：カルビン・ベンソン回路

# 細胞への物質の出入り

## 細胞への物質の出入りに関する記述として，妥当なのはどれか。

平成19年度
地方上級

**1** 細胞膜とセロハン膜は同じ性質を持ち，セロハン膜で純水とスクロース溶液とを仕切っておくと，セロハン膜は，~~スクロース溶液に含まれる~~（純水側の水）水の分子だけを~~選択的透過性~~（浸透）によって透過させるため，スクロース溶液の濃度は~~高まる~~（低くなる）。

**2** 溶液に細胞を浸したとき細胞の内と外との水の出入りが見かけ上ない溶液を等張液といい，等張液よりも浸透圧が低い溶液に動物細胞を浸した場合，動物細胞は膨張または破裂する。

**3** ~~細胞膜を通して水分子などの粒子が移動する圧力~~（植物細胞内に水が浸透して細胞壁を押し広げようとする圧力）を膨圧といい，~~浸透圧と膨圧とを加えた圧力~~（細胞の浸透圧と膨圧の差）は吸水力に等しく，植物細胞では，吸水力がゼロとなったときに~~原形質分離が起こる~~。
➲細胞は最も緊張した状態になる

**4** ~~受動輸送~~（能動輸送）とは，細胞膜がエネルギーを使って物質を濃度差に逆らって輸送することをいい，~~受動輸送~~（能動輸送）が行われている例として，腸壁からの物質の吸収や腎臓における物質の再吸収がある。

**5** ~~能動輸送~~（受動輸送）とは，細胞の内と外との濃度差によって物質が移動することをいい，ナメクジに塩を掛けるとナメクジが縮んでいくのは，~~能動輸送~~（受動輸送）によって，ナメクジの細胞から水が出て行くためである。

難易度 ★★★　重要度 ★★★

**1** セロハン膜は水の分子を通すがスクロース（ショ糖）分子は通さないため，セロハン膜で仕切っておくと濃度を均等化させようとして水の分子は純水（低濃度側）→スクロース溶液（高濃度側）へと移動する。このような現象を浸透といい，浸透を起こさせる圧力を［Ⓐ　　　　］という。これに対して，細胞膜が水分子以外の特定の物質を選んで通過させる性質を選択的透過性という。

**2** 正しい。なお，等張液よりも浸透圧が低い溶液は［Ⓑ　　　　］という。

**3** 植物細胞を純水に入れると，細胞の浸透圧によって細胞内に水が浸透し，細胞が膨れる。しかし，植物細胞には丈夫な細胞壁があり，細胞壁を押し広げようとする圧力が生じる。これを膨圧といい，細胞内の水を外へ押し出そうとする。したがって，細胞の吸水力（吸水圧）は，

吸水力＝［Ⓒ　　　　］－［Ⓓ　　　　］

で求められる。植物細胞を高張液に入れると，細胞内から水が出ていき，膨圧は小さくなる。さらに水が出ていくと，細胞膜が細胞壁から離れる。これが原形質分離である。

**4**・**5** 一般に，物質は濃度の高いところから低いところへと拡散する。つまり，細胞膜の内外で濃度差がある場合，濃度差が均衡するように吸水または排水が行われ，これを［Ⓔ　　　　］という。これに対して，濃度差に逆らって物質を移動させることを［Ⓕ　　　　］という。したがって，腸壁からの物質の吸収や，腎臓での物質の再吸収は能動輸送である。また，ナメクジが塩で縮んでいく現象は，細胞内外での濃度差により，細胞内の水が外に出ることによって起こるから受動輸送である。

## Point

☐ 細胞膜のように，溶媒などの小さな粒子だけを通す膜を半透膜といい，細胞壁のように，大きな粒子も通す膜を全透膜という。

☐ ヒトの赤血球を0.9%以下の食塩水に入れると，赤血球は大きく膨れ，濃度が0.4%以下になると破裂する。これを溶血という。

Ⓐ：浸透圧，Ⓑ：低張液，Ⓒ：細胞の浸透圧，Ⓓ：膨圧，Ⓔ：受動輸送，Ⓕ：能動輸送

生物029

# 減数分裂と体細胞分裂

## 減数分裂と体細胞分裂に関する記述のうち，妥当なものはどれか。

平成18年度
市役所

**1** どちらも核中のDNA量は分裂の準備期間である間期に倍加する。

**2** 体細胞分裂は有糸分裂であるが，~~減数分裂は無糸分裂なので紡錘体は形成されない~~。
減数分裂も有糸分裂であり，紡錘体を形成する

**3** 減数分裂の結果，1核当たりの染色体数は半減するが，~~DNA量はそのままである~~。
DNA量も半減する

**4** 単複相植物においては減数分裂は~~胞子から配偶子を形成する際に行われる~~。
胞子体が胞子を形成する際に行われる

**5** ~~体細胞分裂~~では二価染色体が形成され異形分裂が行われる。
減数分裂

難易度 ★★★　重要度 ★★★

**1** 正しい。体細胞分裂も減数分裂も，DNA は［Ⓐ　　　　　］に合成され，体細胞が持っている DNA 量の 2 倍の量になる。体細胞分裂では，分裂期に DNA が娘細胞に等しく分配されるので，娘細胞の DNA 量はもとに戻る。これに対して，減数分裂では，分裂期の第一分裂，第二分裂の 2 回の分裂で DNA が分配されるため，生殖細胞の DNA 量は体細胞の半分になる。

**2** 普通，体細胞分裂も減数分裂も［Ⓑ　　　　　］を行う。細胞の核分裂の基本的な様式である。分裂のときに，太くなった染色体や紡錘体の形成を伴う分裂で，娘細胞が各染色体の複製を受け取り，母細胞に含まれる遺伝情報の 1 組を取り込むための仕組みである。［Ⓒ　　　　　］は直接分裂ともいい，太くなった染色体，紡錘体の形成を伴わないで，核がくびれて切れるように分裂する。

**3** 減数分裂で染色体数が 2 分されれば，DNA 量も 2 分される。できた生殖細胞は受精することによって，［Ⓓ　　　　　］の DNA 量が体細胞と同じ量に戻る。

**4** シダ植物で一般に目にするシダの本体は［Ⓔ　　　　　］であり，複相（核の染色体数が倍数〔$2n$〕のもの）である。減数分裂は，胞子体が胞子を形成する際に行われる。単相（核の染色体数が半数〔$n$〕のもの）の胞子が発芽すると，［Ⓕ　　　　　］（配偶体）ができ，その裏側には造卵器と造精器があり，造卵器中で受精が行われ，幼植物（胞子体）が発芽する。

**5** 異形分裂とは，減数分裂のうち相同染色体が分かれるほうの分裂をいう。普通，［Ⓖ　　　　　］で相同染色体が分かれ，染色体数が半減する。

**Point**

□ 細胞分裂を終了した細胞が次の分裂を経て新しい娘細胞になるまでを細胞周期といい，間期と分裂期（M 期）に分けられる。分裂期は前期→中期→後期→終期に分けられる。

□ 体細胞分裂と減数分裂の大きな違いは，減数分裂の第一分裂で相同染色体が対合することである。遺伝子は相同染色体の対応する位置にあるので，対合した染色体の一部が入れ替わると遺伝子も入れ替わる。

Ⓐ：間期，Ⓑ：有糸分裂，Ⓒ：無糸分裂，Ⓓ：受精卵，Ⓔ：胞子体，Ⓕ：前葉体，Ⓖ：第一分裂

# 生 殖

## 生殖に関する次の記述のうち，妥当なものはどれか。

平成9年度 地方上級

**1** 無性生殖には，１つの個体が２つ以上に分裂することで新しい個体を作り個体数を増加させるものがあり，ゾウリムシやイソギンチャクの例がある。

**2** 無性生殖には親個体の一部分が，分離・独立して新たな個体を作るものがあり，分離・独立の過程で~~形質が変化する~~（形質は変化しない）ことが特徴で，~~アオミドロ~~（ジャガイモ）の例がある。

**3** 無性生殖には~~同形配偶子が接合して~~（体の一部が分裂してできる）胞子を作り新しい個体を作る胞子生殖があり，~~酵母やヒドラ~~（アオカビ）の例がある。

**4** 有性生殖には，合体する配偶子の雌雄性が不明瞭な~~異形~~（同形）配偶子を持つものがあり，~~ベニシダやコウジカビ~~（アオミドロやクラミドモナス）の例がある。

**5** ~~有性生殖~~（無性生殖）には，子が遺伝子的に親とまったく同じ形態を持つものや栄養生殖と呼ばれるものがあり，オランダイチゴ（➡ほふく茎）やオニユリ（➡むかご）の例がある。

難易度 ★★★　重要度 ★★★

**1** 正しい。1つの個体が2つに分かれて新しい個体を作る生殖法を[Ⓐ　　　]という。ケイソウやミドリムシ，ゾウリムシ，アメーバなどの単細胞生物のほか，イソギンチャクのように多細胞生物にも見られる。

**2** 無性生殖のうち，親個体の一部が分離・独立して新たな固体ができる生殖を［Ⓑ　　　］といい，親とまったく同じ形質が受け継がれる。ジャガイモの塊茎，オニユリのむかご，ユキノシタのほふく茎などが当てはまる。

**3** 胞子生殖には，体の一部に胞子ができるアオカビやコウジカビなどの菌類，胞子体から減数分裂によって配偶体を作るシダ植物などが当てはまる（減数分裂によってできる胞子〔真正胞子〕は有性生殖に含まれる）。酵母やヒドラは不均等な分裂によってできる[Ⓒ　　　]である。

**4** 有性生殖において，合体する配偶子の雌雄性が不明瞭な配偶子を[Ⓓ　　　]という。これらの配偶子が合体して核と細胞質が1つになることを［Ⓔ　　　］といい，アオミドロ，アミミドロ，クラミドモナスなどが当てはまる。

**5** 子が遺伝的に親とまったく同じ形態を持つ生殖には，分裂，出芽，胞子生殖，栄養生殖などがあり，これらはすべて［Ⓕ　　　］である。有性生殖は，主に雌雄の配偶子の［Ⓖ　　　］によるものであるから，子は両親の形質を半分ずつ受け取るため，親とは異なった遺伝子組成になる。

## Point

- □ 無性生殖では，親の体の一部がそのまま分離・独立して新しい個体ができるので，親の遺伝的な性質（形質）がそのまま伝えられる。
- □ 受精による有性生殖では，減数分裂によってできた雌雄の配偶子が受精して受精卵ができ，それが新しい個体に発生するため，遺伝的な性質は親と同じにはならない。また，子の世代の遺伝的な性質は多様で，同じ雌雄から発生した子どうしでも遺伝的な性質は異なる。

Ⓐ：分裂，Ⓑ：栄養生殖，Ⓒ：出芽，Ⓓ：同形配偶子，Ⓔ：接合，Ⓕ：無性生殖，Ⓖ：受精

生物031

# 植物の生殖

## 植物の生殖と発生に関する記述として最も妥当なのはどれか。

平成19年度
国家Ⅰ種

**1** 被子植物では，受粉し花粉がめしべの内部に花粉管を伸ばし，花粉管の中の2個の精細胞の1つが卵細胞と受精して受精卵となり，ほかの1つが中央細胞の中に入り2個の極核と合体して胚乳核を持つ細胞となる。このように2つの受精が同時に起こる重複受精は，被子植物に特有の現象である。

**2** 裸子植物はすべて~~雌雄異株~~（単性花）であるが，被子植物には，雌雄同株で1つの花の中に雌性配偶体のめしべと雄性配偶体のおしべを持つ両性花と，~~雌性配偶体の雌花を持つ個体と雄性配偶体の雄花を持つ~~（雌花と雄花が同じ個体につく雌雄同株の単性花，）個体が異なる雌雄異株の単性花の~~2~~（3）種類がある。

**3** 雌雄同株の被子植物では，配偶子を形成する仕組みが雌雄別々の動物とは違い，~~1個の生殖細胞から減数分裂によって卵細胞と精細胞が形成され，その後の細胞分裂によってめしべと花粉に変化するが~~（➲同一個体内ではあるが，もととなる母細胞は異なる），受精につながる受粉は~~常に異なった株のめしべと花粉の間で行われる~~（➲同一株内でも異株どうしでも行われる）。

**4** 雌雄同株の被子植物では，めしべの中の胚嚢細胞が核分裂を~~8回~~（3回）行って，一方の側に2個の助細胞に囲まれた卵細胞，中央に2個の極核を持つ中央細胞，卵細胞の反対側に3個の~~雄原細胞~~（反足細胞）を形成して受精を迎えるが，~~雄原細胞~~（助細胞）は花粉から伸びた花粉管を胚嚢に導く働きをする。

**5** 被子植物の受精卵は，発生を行って若い植物体である胚を形成する。他方，胚乳核を持つ細胞は，カキのような果実を持つ植物の場合は栄養分を蓄えた~~果肉に変化して無胚乳種子~~（有胚乳種子）を形成し，ダイズのようなマメ類の場合は~~胚の周りで胚乳に成長して有胚乳種子~~（無胚乳種子）を形成する。

難易度 ★★★ 重要度 ★★

**1** 正しい。被子植物では，受精卵を作る受精と，[Ⓐ　　　　　] を持つ細胞を作る合体が同時に行われる。

**2** 1つの花におしべとめしべを持つ場合を両性花といい，雄花と雌花が区別される場合を [Ⓑ　　　　　] という。また，単性花には，同じ株に雄花と雌花をつける雌雄同株と，雄花をつける個体と雌花をつける個体が異なっている雌雄異株とがある。[Ⓒ　　　　　] はすべて単性花であるが，雌雄同株と雌雄異株の両方があり，被子植物は，両性花の場合も単性花の場合もあり，単性花には雌雄同株と雌雄異株のどちらもある。

**3** 卵細胞のもとになる細胞は [Ⓓ　　　　　]，精細胞のもとになる細胞は [Ⓔ　　　　　] であり，1個の生殖細胞から卵細胞と精細胞ができるわけではない。

**4** 雌雄同株の被子植物では，胚嚢(はいのう)細胞が3回の核分裂を行って，8個の核を持つ胚嚢になる。一方，おしべのやくの中の花粉母細胞は，減数分裂によって花粉四分子になり，その各細胞は，核分裂を1回行って，花粉管核と [Ⓕ　　　　　] を持つ花粉になる。

**5** 被子植物では，受精した中央細胞が胚乳になる。カキのような果実を持つ植物の場合，多量の胚乳が存在する [Ⓖ　　　　　] を作り，マメ類の場合はいったんできた胚乳の栄養分が子葉に蓄えられて胚乳は消失し，[Ⓗ　　　　　] を作る。

## Point

- ☐ 若いつぼみの中のおしべのやくの中には花粉母細胞があり，減数分裂によって花粉四分子になる。花粉四分子のそれぞれは，1回の核分裂で花粉管と雄原細胞を持つ花粉に成熟する。
- ☐ 受粉すると花粉は発芽して花粉管を伸ばし，花粉管核が先端に移動し，その後を雄原細胞が続き，雄原細胞は分裂して2個の精細胞となる。

Ⓐ：胚乳核，Ⓑ：単性花，Ⓒ：裸子植物，Ⓓ：胚嚢母細胞，Ⓔ：花粉母細胞，Ⓕ：雄原細胞，
Ⓖ：有胚乳種子，Ⓗ：無胚乳種子

生物032

# ヒトの脳

## ヒトの脳に関する記述として，妥当なのはどれか。

平成27年度
地方上級

**1** ~~大脳~~（間脳）は，視床と視床下部に分けられ，視床下部には自律神経系の中枢がある。

**2** ~~中脳~~（大脳）は，記憶や思考などの精神活動や，さまざまな随意運動の中枢がある。

**3** ~~小脳~~（中脳）には，眼球運動，瞳孔反射などの中枢がある。

**4** ~~間脳~~（小脳）には，体の平衡を保つ中枢がある。

**5** 延髄には，呼吸運動や心臓の拍動，血管の収縮などを支配する中枢がある。

難易度 ★★★　重要度 ★★★

**1** 視床と視床下部に分けられるのは間脳である。視床下部は，[Ⓐ　　　　] の働きを支配しており，血糖濃度，体温調節，内臓機能の調節などの自律神経系の中枢がある。自律神経系は，交感神経と副交感神経からなり，[Ⓑ　　　　] は体幹には分布していない。

**2** 精神活動や随意運動の中枢は大脳にある。外側にある皮質（灰白質）にはニューロンの [Ⓒ　　　　]，内側にある髄質（白質）には [Ⓓ　　　　] が集まっている。

**3** 中脳には，眼球運動，瞳孔反射のほか，[Ⓔ　　　　] の中枢がある。

**4** 小脳には，体の平衡を保つ中枢のほか，[Ⓕ　　　　] の運動を調節する中枢がある。

**5** 正しい。心臓を拍動させる信号は，右心房の壁にある [Ⓖ　　　　] から発する。拍動数を増加させる神経伝達物質は [Ⓗ　　　　] である。

## Point

- □ 血糖量の調節では，アドレナリン，グルカゴン，糖質コルチコイドが血糖量を増加させ，インスリンが減少させる。
- □ 交感神経と副交感神経は拮抗的に作用し，おおむね交感神経が促進的，副交感神経が抑制的に作用する。だたし，消化器官では交感神経が抑制的，副交感神経が促進的に働く。
- □ 大脳では，灰白質が外側（皮質），白質が内側（髄質）だが，脊髄は反対で，灰白質が内側，白質が外側である。
- □ 心臓の拍動数は，中枢が血液中の二酸化炭素濃度を感知することで，交感神経と副交感神経の働きで調節されている。

Ⓐ：脳下垂体，Ⓑ：副交感神経，Ⓒ：細胞体，Ⓓ：神経繊維（軸索），Ⓔ：姿勢保持，Ⓕ：筋肉，Ⓖ：洞房結節，Ⓗ：アドレナリン

生物033

# ヒトの受容器

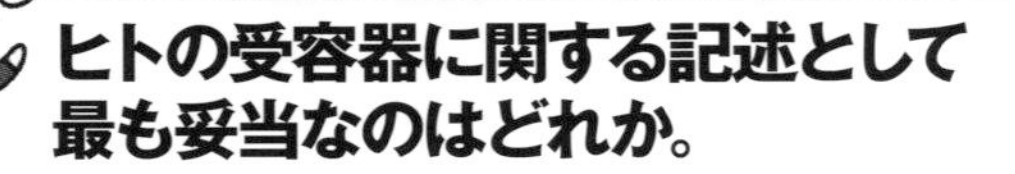


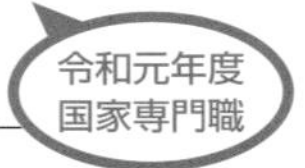


**1** 近くのものを見るとき，眼では，毛様筋が~~緩み~~（収縮し），水晶体を引っ張っているチン小帯が緩むことで，水晶体が厚くなる。これにより，焦点距離が~~長くなり~~（短くなり），網膜上に鮮明な像ができる。

**2** 網膜には，薄暗い場所でよく働く桿（かん）体細胞と色の区別に関与する錐体細胞の2種類の視細胞が存在する。このうち，桿体細胞は，網膜の中心部の~~盲斑と呼ばれる部分~~（黄斑を取り巻く部分）によく分布している。

**3** 耳では，空気の振動として伝わってきた音により，鼓膜が振動する。これが中耳の耳小骨を経由し，内耳のうずまき管に伝わり，その中にある聴細胞が興奮することにより，聴覚が生じる。

**4** 内耳には，平衡覚の感覚器官である前庭と半規管があり，半規管は~~空気~~（リンパ液）で満たされている。体が回転すると，~~前庭にある平衡石がずれて感覚毛が傾き~~（➔半規管内のリンパ液が動き，感覚毛が刺激される），回転運動の方向や速さの感覚が生じる。

**5** 皮膚には，圧力を刺激として受け取る圧点，温度を刺激として受け取る温点・冷点などの感覚点がある。これらの感覚点は，~~部位によらず，皮膚全体に均一に分布している~~（分布はランダムであり，指先のように密になっている部位がある）。

# 解説

難易度 ★★★　重要度 ★★★

**1** 人の眼では［Ⓐ　　　］の屈折率を変えることにより遠近調節を行う。

| | 毛様筋 | チン小帯 | 水晶体 | 屈折率 | 焦点距離 |
|---|---|---|---|---|---|
| 遠くを見るとき | 緩む | 緊張 | 薄くなる | 小さくなる | 長くなる |
| 近くを見るとき | 収縮 | 緩む | 厚くなる | 大きくなる | 短くなる |

**2** ヒトの網膜の中心部には，［Ⓑ　　　］と呼ばれるくぼみがある。そこには，錐体細胞が特に多く存在し，黄斑の周りから網膜の周辺部にかけて桿体細胞が多くなっている。また，視神経が束になり網膜から出ていくところには視細胞がないため，［Ⓒ　　　］という，像が映っても見ることができない部分が存在している。

**3** 正しい。ヒトの耳は，外耳・中耳・内耳の3つの部分に分けられる。音波は外耳道を通り，中耳の［Ⓓ　　　］を振動させる。さらに中耳にある3つの［Ⓔ　　　］によりその振動は増幅され内耳に伝えられる。振動は，内耳の［Ⓕ　　　］内で電気信号へと変えられ，聴神経を通じて［Ⓖ　　　］に伝えられ，そこで聴覚が生じる。

**4** 内耳には，2つの平衡覚の感覚器官が存在する。体の傾きを感じる［Ⓗ　　　］と回転を感じる［Ⓘ　　　］である。前庭には，感覚毛の生えた感覚細胞があり，その上に平衡石が乗っている。体が傾くと，平衡石の移動で感覚細胞が刺激され，この興奮が神経によって大脳へと伝えられる。一方，半規管内部はリンパ液で満ちている。このリンパ液の動きを有毛細胞が感知し，前後・左右・上下の3方向の回転の方向や速さの情報を大脳へ伝える。

**5** 皮膚およびこれに接する粘膜にある感覚点には触（圧）点，温点，冷点，痛点の4種がある。これらの感覚点は皮膚に点在している。

## Point

☐ 桿体細胞中の感光物質であるロドプシンは，ビタミンAを原料としている。したがって，ビタミンAが不足すると弱い光に対して感度が低くなる夜盲症になる。

☐ 高い音に対してはうずまき管内の基底膜の鼓膜に近い側が振動し，低い音に対しては鼓膜から遠いうずまき管の奥の方の基底膜が振動する。

Ⓐ：水晶体，Ⓑ：黄斑，Ⓒ：盲斑，Ⓓ：鼓膜，Ⓔ：耳小骨，Ⓕ：うずまき管，Ⓖ：大脳，Ⓗ：前庭，Ⓘ：半規管

# 動物の神経系

## 動物の神経系に関する記述として，最も妥当なのはどれか。

平成17年度
国家Ⅰ種

**1** 動物の神経細胞はニューロンと呼ばれ，樹状突起，軸索，~~シナプス~~（細胞体）の３つの部位からなっている。~~無脊椎動物~~（脊椎動物）では髄鞘と呼ばれる細胞が軸索を取り巻いているため，~~脊椎動物~~（無脊椎動物）に比べ，神経の情報~~伝達~~（伝導）速度が速いことが特徴的である。

**2** 神経細胞は，細胞膜の~~内外で電位差はないが~~（➡外側が正（＋），内側が負（－）に帯電），刺激を受けた神経細胞が興奮すると細胞内の興奮部分が~~負~~（正）に帯電し，~~細胞膜の内外で電位差が生じる~~（すぐもとに戻る）。これを活動電位と呼び，活動電位の大きさは刺激の強さに~~比例して大きくなる~~（関係なく一定である）。

**3** 神経細胞間の情報伝達はシナプスを介して行われる。軸索を伝わってきた興奮がシナプスに達すると，末端部にあるシナプス小胞からアセチルコリンやノルアドレナリン等の神経伝達物質が分泌され，これによって次のニューロンの樹状突起や細胞体の細胞膜に興奮が伝達される。

**4** ヒトの神経系は中枢神経系と末梢神経系に大別される。そのうち中枢神経系は脳と~~延髄~~（脊髄）からなり，生命維持機能や運動機能のほかさまざまな機能をつかさどる。また，膝蓋腱反射のように無意識に行われる反応は反射と呼ばれ，その中枢は~~大脳~~（脊髄など）にある。

**5** ヒトの自律神経は意志と関係なく働くものであり，それぞれの臓器に対して交感神経と副交感神経が互いに対抗的に作用している。たとえば，心臓の拍動では，交感神経は~~抑制的~~（促進的），副交感神経は~~促進的~~（抑制的）に働いている。また，自律神経系の中枢は~~脊髄~~（間脳）にある。

難易度 ★★★　重要度 ★★★

**1** 脊椎動物の軸索（じくさく）は髄鞘（ずいしょう）が取り巻く［Ⓐ　　　　］繊維であり，髄鞘と髄鞘の間で軸索が裸出している部分（ランビエ絞輪）で跳躍伝導が起こるため伝導速度が速くなる。これに対して，無脊椎動物は髄鞘のない［Ⓑ　　　　］繊維であるため，伝導の速度は遅い。

**2** 神経細胞は，通常，細胞内が細胞外に対して負の電位の状態になっているが，刺激を受けた神経細胞が興奮すると，細胞内の電位はいったん正の電位を示し，すぐにもとに戻る。この一時的な電位の変化を［Ⓒ　　　　］という。活動電位は，ある一定の強さ（閾値（いきち））より大きければ発生し，その大きさは刺激の強さに関係なく一定（［Ⓓ　　　　］）である。

**3** 正しい。神経細胞間の情報伝達はシナプス小胞から分泌される神経伝達物質を［Ⓔ　　　　］に放出することで次のニューロンの樹状突起や細胞体の細胞膜に伝達される。

**4** 中枢神経系は，延髄を含む脳と［Ⓕ　　　　］からなる。また，末梢神経系は体性神経系（感覚神経，運動神経）と自律神経系（交感神経と副交感神経）からなる。膝蓋腱（しつがいけん）反射のように無意識で行われる反応の中枢は脊髄などであり，大脳ではない。

**5** 自律神経は，一般に体が活動しているときには［Ⓖ　　　　］が促進的に働き，休息しているときには［Ⓗ　　　　］が促進的に働く。したがって，心臓の拍動の促進，血圧の上昇，気管の拡張などは交感神経の働きである。

## Point

□ 神経細胞の興奮は全か無かの法則に従うので，刺激の強弱は活動電位の大きさでは伝えられない。刺激の受容細胞では刺激の強さに応じた電位を発生し，神経細胞ではそれを活動電位の発生頻度で情報を伝えている。

□ 反射には，それぞれの反射中枢があるが，通常反応が起こった後に大脳で感覚を生じる。

Ⓐ：有髄神経，Ⓑ：無髄神経，Ⓒ：活動電位，Ⓓ：全か無かの法則，Ⓔ：シナプス間隙，Ⓕ：脊髄，Ⓖ：交感神経，Ⓗ：副交感神経

# 神　経

## 神経に関する記述として，最も妥当なのはどれか。

平成22年度
消防官

**1** 神経は，神経細胞と呼ばれる構造的な単位からできており，神経細胞は，核を含む細胞体から長く伸びた1本の~~樹状突起~~（軸索）と短い多数の~~軸索~~（樹状突起）からできている。

**2** 軸索の周りが髄鞘という構造に覆われている神経繊維を~~無髄神経繊維~~（有髄）といい，髄鞘に覆われていない神経繊維を~~有髄神経繊維~~（無髄）という。

**3** 神経細胞の軸索の末端は，ほかの神経細胞や筋細胞と~~すきまなく密着して~~（わずかなすきまを介して接して）おり，この接続部分をシナプスという。

**4** 有髄神経繊維と無髄神経繊維では，一般に無髄神経繊維のほうが伝導速度が~~速い~~（遅い）。

**5** 神経細胞は，刺激がある一定の強さ（閾値）になると興奮し，閾値よりどんなに強い刺激を与えても，その活動電位の大きさは一定で変化しない。（全か無かの法則）

難易度 ★★★　重要度 ★★★

**1**・**2**・**3** 神経細胞は［Ⓐ　　　　　　］（神経単位）とも呼ばれ，核のある部分を細胞体といい，細胞体から長く伸びた突起を軸索(じくさく)，枝分かれした短い突起を［Ⓑ　　　　　　］という。軸索には神経鞘(しょう)と呼ばれる薄い膜に包まれ，軸索と神経鞘の間に電気を通しにくい髄鞘(ずいしょう)があるものもある。このような神経繊維を有髄神経繊維といい，髄鞘のない神経繊維を無髄神経繊維という。また，有髄神経繊維では，髄鞘と髄鞘の間に軸索が裸出する部分があり，これを［Ⓒ　　　　　　］と呼ぶ。

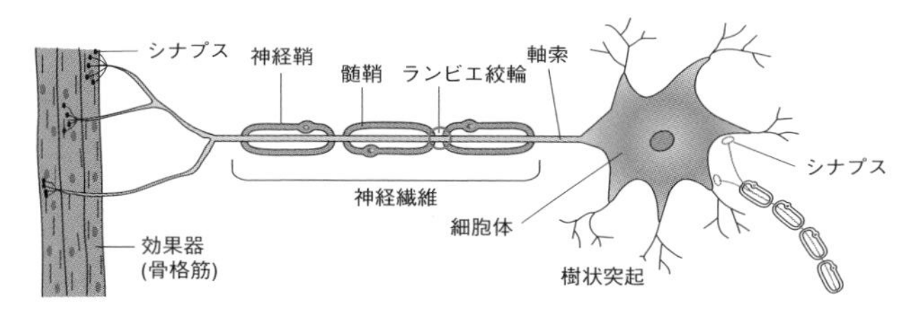


**4** 有髄神経繊維では，髄鞘は［Ⓓ　　　　　　］として働き，興奮はランビエ絞輪(こうりん)で起こり，ランビエ絞輪から隣接するランビエ絞輪へ跳び跳びに伝導し，これを［Ⓔ　　　　　　］という。このため，有髄神経繊維では興奮の伝導が速くなり，無髄神経繊維における伝道速度の100倍近い速さで伝導される。

**5** 正しい。電気刺激の強さがある一定の値を超えると活動電位が生じる。この活動電位を発生させる刺激の最小値を［Ⓕ　　　　　　］というが，刺激をさらに強くしても活動電位の大きさは変わらない。つまり，活動電位は与えられた刺激に対して興奮するかしないかのいずれかで，これを［Ⓖ　　　　　　］という。

## Point

- □ 軸索の先端は他の神経細胞，効果器の細胞とわずかなすきまを介して接している。このすきまをシナプスといい，神経伝達物質（アセチルコリンやノルアドレナリンなど）が放出され興奮を伝える。これを興奮の伝達という。
- □ 軸索による興奮の伝導はどの向きにも伝わるが，興奮の伝達は一方向にしか伝わらない。

Ⓐ：ニューロン，Ⓑ：樹状突起，Ⓒ：ランビエ絞輪，Ⓓ：絶縁体，Ⓔ：跳躍伝導，Ⓕ：閾値（いきち），Ⓖ：全か無かの法則

# 動物の行動

## 動物の行動に関する記述A～Dのうち，妥当なもののみを挙げているのはどれか。

令和元年度
国家一般職

**A** 動物が感覚器官の働きによって，光やにおい（化学物質）などの刺激の方向へ向かったり，刺激とは逆の方向へ移動したりする行動を~~反射~~といい，これは，習わずとも生まれつき備わっているものである。~~一例として，ヒトが熱いものに手が触れると，とっさに引っ込めるしつがいけん反射が挙げられる。~~

走性

➡これは反射の一例

➡膝蓋腱反射はひざ下をたたくとあしが跳ね上がる反射である

**B** カイコガの雌は，あるにおい物質を分泌し，雄を引きつける。この物質は，性フェロモンと呼ばれ，雄は空気中の性フェロモンをたどって，雌の方向へと進む。このように，動物がある刺激を受けて常に定まった行動を示す場合，この刺激をかぎ刺激（信号刺激）という。

**C** 動物が生まれてから受けた刺激によって行動を変化させたり，新しい行動を示したりすることを学習という。たとえば，アメフラシの水管に接触刺激を与えると，えらを引っ込める筋肉運動を示すが，接触刺激を繰り返すうちにえらを引っ込めなくなる。これは，単純な学習の例の一つで，慣れという。

**D** パブロフによるイヌを用いた実験によれば，空腹のイヌに食物を与えると唾液を分泌するが，食物を与えるのと同時にブザー音を鳴らすことにより，ブザー音だけで唾液を流すようになる。このような現象は~~刷込み（インプリンティング）~~といい，~~生得的行動~~に分類される。

古典的条件づけ

学習による行動

**1**…… A，B
**2**…… A，C
**3**…… B，C
**4**…… B，D
**5**…… C，D

難易度 ★★★ 重要度 ★★★

**A** 外からの刺激に対して，一定の方向へ移動することを［Ⓐ　　　］という。刺激に近づく場合を正の走性といい，遠ざかる場合を負の走性という。これは生まれながらに備わっている［Ⓑ　　　］といわれる。反射とはある一つの刺激に対して，意識と無関係に体の特定の部分のみが単一の動きをすることである。ひざ下をたたくとあしが上がる膝蓋腱反射や熱いものに触れると瞬時に手を引っ込める屈筋反射，ものを食べたときに唾液が出る反射，瞳孔反射などがある。

**B** 正しい。本能行動を引き起こす原因となる刺激をかぎ刺激あるいは［Ⓒ　　　］という。発情期のイトヨの雄は腹が赤くなる。同様に腹部の赤い雄が縄張りに近づくと，攻撃行動を起こす。刺激はフェロモンのような化学物質によるものだけでなく，イトヨの攻撃行動のような視覚によるものもある。

**C** 正しい。刺激を繰り返しているうちに，応答性が薄れることを［Ⓓ　　　］という。アメフラシの場合は，感覚神経と運動神経との間のシナプスにおいて，分泌される神経伝達物質の量が減ることによって起こる。一方，あらかじめ尾部に電気刺激を与えておくと，通常ならば反応を示さないような弱い刺激を与えたときも，反応を示すようになることを鋭敏化という。

**D** 無条件で反応を引き起こす刺激である無条件刺激と［Ⓔ　　　］を起こさせる刺激となる条件刺激とを対にして与え続けることにより，条件刺激のみで反応が起こるようになる現象を［Ⓕ　　　］という。また，動物がとるある目的に対して無関係な行動が，偶然にその直後の環境の変化（「餌を得られた」や「痛い思いをした」など）と連合して学習される現象を試行錯誤学習（オペラント条件づけ）という。

## Point

- ☐ 生まれてから後の経験などに基づく行動を学習による行動という。学習には，慣れ・刷込み・条件づけなどがある。
- ☐ 特定の遺伝子がある特定の行動を支配する場合があるが，多くの行動は，複数の遺伝子の支配を受ける。また，遺伝子ばかりではなく学習による行動においては，生息環境の影響が非常に大きい。

Ⓐ：走性，Ⓑ：生得的行動，Ⓒ：信号刺激，Ⓓ：慣れ，Ⓔ：条件反射，Ⓕ：古典的条件づけ

# 遺伝子と染色体

## 遺伝子と染色体に関する記述として，妥当なのはどれか。

平成21年度 地方上級

**1** １本の染色体に２つ以上の遺伝子が存在することを互いに連鎖しているといい，連鎖している遺伝子では，~~独立の法則~~に従い配偶子が作られる。
➲独立の法則は成立しない

**2** 染色体の一部の交換に伴い染色体内の遺伝子が入れ替わる現象を組換えといい，組換えは遺伝子間の距離が離れているほど~~起こりにくい~~。
起こりやすい

**3** 各染色体に存在する遺伝子の配列を図に示したものを染色体地図といい，キイロショウジョウバエの唾腺（唾液腺）染色体では，実験で観察した染色体地図と組換え価から求めた染色体地図とは，~~遺伝子の配列の順序が逆になっている~~。
➲遺伝子の配列順序は変わらない

**4** 性染色体にはＸ染色体とＹ染色体とがあり，ヒトはXY型の~~雌ヘテロ型~~に分類され，Ｘ染色体２本が接合することによって~~雄となる~~。
➲ＸＹ型はホ乳類，ショウジョウバエなど
雄ヘテロ型
雌となる

**5** 遺伝子が性染色体に存在するため雌雄で形質の伝わり方が異なる遺伝を伴性遺伝といい，伴性遺伝の例として，キイロショウジョウバエの眼色の遺伝が挙げられる。
➲雌はＸ染色体を２本持つので，一方の遺伝子が赤眼（優性）であれば赤眼を示すが，雄はＸ染色体が１本しかないので，白眼（劣性）遺伝子が１つでも白眼を示す

**1** 同一染色体上に2つ以上の遺伝子があれば，［Ⓐ　　　　　］形成の際に，それぞれの遺伝子は一緒に行動することになる。このような現象を連鎖という。それぞれの遺伝子が異なる染色体上にある場合には［Ⓑ　　　　　］の法則が成り立つが，連鎖している場合には遺伝子が一緒に行動するため成り立たない。なお，連鎖していても優性の法則と分離の法則は成立する。

**2** 遺伝子の組換えは［Ⓒ　　　　　］の交さによって起こる。これは，染色体のどの部分でも起こりうるが，一般に，遺伝子の組換えは同じ染色体上にある2つの遺伝子間の距離が離れているほど起こりやすくなっている。

**3** キイロショウジョウバエの染色体地図と［Ⓓ　　　　　］で遺伝子の位置を比べると，遺伝子間の距離の割合は必ずしも一致しない。これは，場所によって［Ⓔ　　　　　］の起こりやすさに違いがあるからである。このとき，遺伝子の並ぶ順序は同じである。

**4** 性染色体には，雄ヘテロ型と雌ヘテロ型があり，さらに，雄ヘテロ型にはＸＹ型とＸＯ型，雌ヘテロ型にはＺＷ型とＺＯ型がある。ヒトは［Ⓕ　　　　　］のＸＹ型であり，雄はＸＹ，雌はＸＸの染色体を持つ。

**5** 正しい。性染色体には，性に関係する形質以外の遺伝子も存在している。このような遺伝子による［Ⓖ　　　　　］は一方の性に現れやすいなどの特徴を持っている。血友病や赤緑色覚異常がその例で，［Ⓗ　　　　　］という。

## Point

- □ 配偶子形成の際に，連鎖した遺伝子間で組換えが起こる割合を組換え価という。組換え価は，全配偶子数に対する，組換えにより生じた配偶子の割合で表される。
- □ ３つの遺伝子が連鎖していて，それぞれの間の組換え価がわかると，染色体上の遺伝子の位置を示すことができる。この方法を三点交雑という。

Ⓐ：配偶子，Ⓑ：独立，Ⓒ：染色体，Ⓓ：唾腺（唾液腺）染色体，Ⓔ：組換え，Ⓕ：雄ヘテロ型，Ⓖ：表現型，Ⓗ：伴性遺伝

# 遺伝の法則

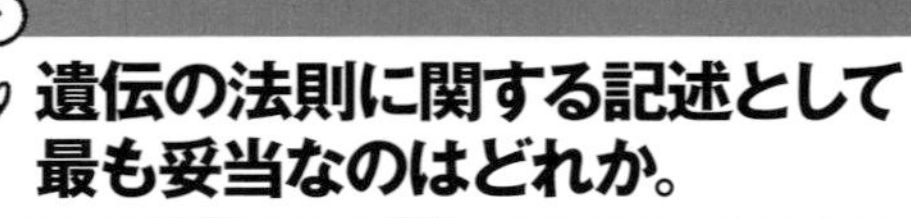

## 遺伝の法則に関する記述として最も妥当なのはどれか。

平成28年度 国家一般職

**1** メンデルの遺伝の法則には，優性の法則，分離の法則，独立の法則があり，そのうち~~独立~~（分離）の法則とは，減数分裂によって配偶子が形成される場合に，相同染色体がそれぞれ分かれて別々の配偶子に入ることをいう。

**2** 遺伝子型不明の丸型（優性形質）の個体（$AA$ または $Aa$）に劣性形質のしわ形の個体（$aa$）を検定交雑した結果，丸形としわ形が 1:1 の比で現れた場合，遺伝子型不明の個体の遺伝子型は $Aa$ と判断することができる。

**3** 純系である赤花と白花のマルバアサガオを交配すると，雑種第一代（$F_1$）の花の色は，赤色：桃色：白色が 1：2：1 の比に分離する。このように，優劣の見られない個体が出現する場合があり，これは~~分離~~（優性）の法則の例外である。

**4** ヒトの ABO 式血液型について，考えられ得る子の表現型（血液型）が最も多くなるのは，両親の遺伝子型が~~$AO$・$AB$ の場合または $BO$・$AB$~~（$AO$・$BO$）の場合である。また，このように，一つの形質に三つ以上の遺伝子が関係する場合，それらを複対立遺伝子という。

**5** 2組の対立遺伝子 $A$，$a$ と $B$，$b$ について，$A$ は単独にその形質を発現するが，$B$ は $A$ が存在しないと形質を発現しない場合，$B$ のような遺伝子を補足遺伝子といい，~~例としてカイコガの繭の色を決める遺伝子などが挙げられる。~~

➲補足遺伝子の例としては，スイートピーの花弁の色がある。紫色素合成遺伝子は，色素原合成遺伝子があるときだけ発現して，花弁は紫色になる

難易度 ★★★　重要度 ★★★

**1** それぞれの対立形質が，互いに影響を受けずに遺伝することを独立の法則という。二倍体の生物の減数分裂では，２本の相同染色体は分離して必ず１本ずつ配偶子に入る。これによって染色体上の遺伝子型がヘテロ接合の場合，[Ⓐ　　　　] の遺伝子を持つ配偶子が同数ずつできる。

**2** 正しい。異なる対立形質の純系間の交配で，子に発現する形質を優性形質，発現しない形質を劣性形質といい，異なる形質を発現する遺伝子をヘテロ接合で持った個体が，優性形質を発現することが [Ⓑ　　　　] である。遺伝子型 $AA$ の個体がつくる配偶子は，すべて遺伝子 $A$ を持つので，検定交雑によってできる個体の遺伝子型はすべて $Aa$ となり，すべて丸型となる。

**3** 対立遺伝子 ( 赤花と白花 ) どうしがヘテロ接合のとき，発現する形質が中間的な形質となり，２つの対立遺伝子に優劣がないような遺伝子を [Ⓒ　　　　] という。

**4** ヒトのＡＢＯ式の血液型遺伝は，３種類の対立遺伝子の組合せによって決まる。Ａ型を発現する遺伝子，Ｂ型を発現する遺伝子，Ｏ型を発現する遺伝子があり，優劣の関係は $A = B$, $A > O$, $B > O$ となっている。

**5** カイコガのマユの色を決める遺伝子には，$Y$ [優性] 黄色と $y$ [劣勢] 白色，$Y$ の発現を抑える $I$ [優性] と抑えない $i$ [劣勢] の２組の対立遺伝子があり，[Ⓓ　　　　] と呼ばれる。

## Point

☐ 劣性遺伝子がホモ接合している個体と交雑することで，生じる子の形質の割合から交雑相手の遺伝子型を調べることを，検定交雑という。

☐ ホモ接合すると正常に発生できない遺伝子を致死遺伝子といい，ハツカネズミの毛色を黄色 [ 優性 ] にする遺伝子がある。この遺伝子を $Y$ とすると，$Yy$(黄色) × $Yy$(黄色) の子は，２ $Yy$(黄色) ＋ $yy$(ねずみ色) となる。

Ⓐ：対立形質，Ⓑ：優性の法則，Ⓒ：中間遺伝子，Ⓓ：抑制遺伝子

生物039

# スイートピーの花の色の遺伝

**次の図は，スイートピーの花の色の遺伝における表現型と花の色を示したものである。この図に関する次の記述のうち正しいものはどれか。**

平成13年度 警察官

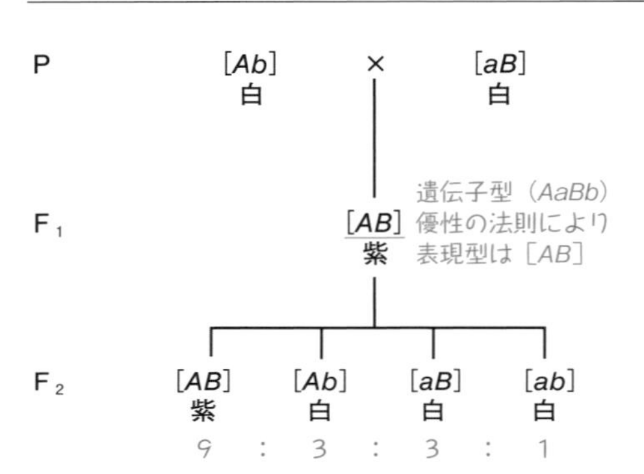


**1** Pの配偶子の遺伝子型は~~4種類~~ある。
2種類

**2** $F_1$の配偶子の遺伝子型は~~2種類~~ある。
4種類

**3** $F_1$の遺伝子型は~~2種類~~ある。
1種類

**4** $F_2$の遺伝子型は~~4種類~~ある。
9種類

**5** $F_2$の花の色は紫：白＝9：7である。
➲メンデルの法則で説明できる

# 解説

難易度 ★★★　重要度 ★★★

**1** スイートピーの花の色の遺伝では，着色遺伝子 $A$ と紫色遺伝子 $B$ とが互いに補足し合って紫色を発色し，紫色遺伝子 $B$ だけでは白となってしまう。このように，遺伝子 $A$ と遺伝子 $B$ のように，互いに補い合って1つの形質を表すような遺伝子を補足遺伝子という。図の$F_1$の[表現型］から，Pの遺伝子型は［Ⓐ　　　　］と［Ⓑ　　　　］であり，Pの配偶子の遺伝子型は $Ab$ と $aB$ の2種類である。

**2**・**3** $F_1$の遺伝子型は［Ⓒ　　　　］の1種類であるが，これから生ずる配偶子の遺伝子型は，$AB$，$Ab$，$aB$，$ab$ の4種類である。

**4** $F_2$の遺伝子型は，表現型［[Ⓓ　　　　]］に対応するものが $AABB$，$AaBB$，$AABb$，$AaBb$ の4種類，[$Ab$] に対応するものが $AAbb$，$Aabb$ の2種類，[$aB$] に対応するものが $aaBB$，$aaBb$ の2種類，[$ab$] に対応するものが $aabb$ の1種類であるから，全部で9種類になる。

**5** 正しい。補足遺伝子の場合も，遺伝子の行動だけで見ると通常の2遺伝子雑種の場合と同じであり，$F_2$の出現頻度は [$AB$]：[$Ab$]：[$aB$]：[$ab$] ＝［Ⓔ　　　　］となる。このうち，[$AB$]のみが紫色となるので，紫色：白色＝9：(3＋3＋1)＝9：7となる。

## Point

□ スイートピーの花の遺伝のように，2対の対立遺伝子の一方が色素原を作り，もう一方が色素を発色するというような，2つの遺伝子が補足的に作用する遺伝子を補足遺伝子という。

□ ハツカネズミの毛色は，黄色にする遺伝子と黒褐色にする遺伝子があり，黄色にする遺伝子（致死遺伝子）が優性のホモ接合体の場合は個体が母体内で死ぬ。

Ⓐ：$AAbb$，Ⓑ：$aaBB$，Ⓒ：$AaBb$，Ⓓ：$AB$，Ⓔ：9：3：3：1

# DNA

## DNAに関するA～Dの記述のうち，妥当なものを選んだ組合せはどれか。

平成22年度
地方上級

**A** DNA は遺伝形質の発現を支配する物質で，主として核に含まれ，DNA 量は~~体細胞の種類により異なっている~~。
➡体細胞の DNA 量はすべて等しい

**B** 精子のように減数分裂によって染色体が半数になった細胞では，核内の DNA 量もそれに伴い半減している。

**C** DNA は，A（アデニン），~~U（ウラシル）~~，G（グアニン），C（シトシン）の４種類の構成要素が多数連なった２本の鎖からなっている。
T（チミン）

**D** DNA は，２本の鎖の間で，対をなす構成要素どうしが弱く結合し，全体がらせん状に規則的にねじれた二重らせん構造をしている。

**1**…… A，B
**2**…… A，C
**3**…… B，C
**4**…… B，D
**5**…… C，D

# 解説

難易度 ★☆☆　重要度 ★★☆

**A** DNAは，そのほとんどが核内の［Ⓐ　　　　　］に存在する。体細胞中のDNA量は，同一個体（同一の種）であれば細胞の大きさや種類に関係なくほぼ一定である。

**B** 正しい。生殖細胞を作る減数分裂では，1個の［Ⓑ　　　　　］（染色体数2$n$）から，染色体数の半減した4個の娘細胞（染色体数$n$）ができる。つまり，生殖母細胞が持っていたそれぞれの［Ⓒ　　　　　］の一方が生殖細胞に入るのである。染色体の半減は第一分裂で起こり，第二分裂では染色体数に変化はない。雄性配偶子形成では4個の精子（染色体数$n$）となり，雌性配偶子形成では1個の卵（染色体数$n$）と3個の極体（染色体数$n$）となり，極体はやがて消失する。

**C** DNAの構成要素は，A（アデニン），T（［Ⓓ　　　　　］），G（グアニン），C（シトシン）の4種の塩基である。これに対して，RNAの構成要素はA（アデニン），U（ウラシル），G（グアニン），C（シトシン）の4種の塩基である。

**D** 正しい。DNAは，長い2本の鎖が，互いにA，G，C，Tの塩基の部分で弱い結合を作り，ねじれて二重らせん構造を作っている。また，塩基の結合はAとT，GとCというように結合していて，これを［Ⓔ　　　　　］結合という。

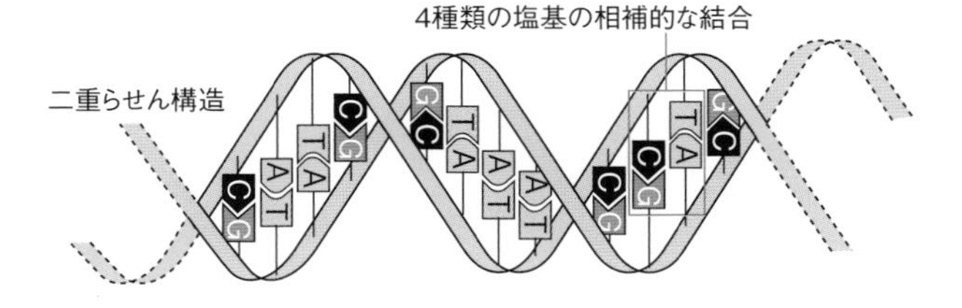


よって，**B**と**D**が正しいので**4**が正答となる。

## Point

- □ DNAは，A，G，C，Tの4つの塩基を持ち，この並び方によって情報を保持し伝えている。A，G，C，Tの対の数と並び方は生物によって違い，これが遺伝情報となる。
- □ DNAとRNAが核酸であるが，どちらも糖，リン酸，塩基からなり，糖と塩基の種類が異なる。DNAには遺伝情報の保持・発現，RNAにはタンパク質の合成などの働きがある。

Ⓐ：染色体，Ⓑ：生殖母細胞，Ⓒ：相同染色体，Ⓓ：チミン，Ⓔ：相補的

生物041

# 遺　伝

## 遺伝に関する記述として最も妥当なのはどれか。

令和元年度
国家総合職

**1** 遺伝子の本体はDNAであり，DNAは，塩基，糖，~~タンパク質~~（リン酸）が結合したヌクレオチドが鎖状につながってできている。塩基には，アデニン（A），グアニン（G），チミン（T），シトシン（C）の4種類がある。DNAは，塩基を内側にした2本のヌクレオチド鎖による二重らせん構造をしており，~~同じ種類の~~（相補性を持つ）塩基どうしが結合してはしご状となっている。

**2** ある生物の集団において，集団の大きさが十分に大きく，交配が任意に行われ，他の集団との間の遺伝子の流出・流入や突然変異，自然選択がない状態で，遺伝子頻度が世代を超えて変わらないことをハーディ・ワインベルグの法則という。一方，有性生殖の過程での配偶子の選ばれ方などで偶然により集団内の遺伝子頻度が変化することがある。この変化は遺伝的浮動と呼ばれ，小さな集団ほど遺伝的浮動の影響が大きい。

**3** 植物の品種改良において，イネなど同じ個体の花粉で受精する自殖性植物では，両親として選んだ二つの系統を人為的に交配し，遺伝子型が~~ヘテロ~~（ホモ）接合体のものの割合を高めることで，後代の選抜と自殖を行う改良方法が用いられている。また，突然変異は，~~減数分裂時の遺伝子の組換え~~（DNAの複製時に起こる染色体や遺伝子の異常）を主な要因としており，これも品種改良に利用されている。
➲近年の品種改良では，人為的な遺伝子の組換えが行われることが多い

**4** 生物は，形態的・生理的な特徴などの共通性の程度で分類されており，分類の基本となる単位である種が用いられ，よく似た種をまとめた~~科~~（属），近縁の~~科~~（属）をまとめた~~属~~（科）など段階的に分類されている。また，生物の個体間には，同種であっても形質に違いがあり，これを変異という。変異には環境変異と遺伝的変異があり，~~いずれも~~（遺伝的変異のみ）繁殖により子に受け継がれる。

**5** ゲノムとは，個体の形成や生命活動を営むのに必要な一通りの遺伝情報のことであり，~~ゲノムを構成する個々のDNAの長さ~~（生物種ごとのゲノムに含まれる塩基対の数）はゲノムサイズと呼ばれている。ヒトのゲノムサイズは~~他の生物と比べて大きい~~（➲ヒトのゲノムサイズより大きい生物も多くいる）ことから，その塩基配列は~~完全には解読されていないものの，大半が解読されている~~（すべて解読されている）。国際的には，遺伝子組換え生物による生態系への影響を防止するための枠組みとして~~ワシントン条約~~（生物多様性条約）が締結されている。

**1** DNAを構成するヌクレオチドどうしは，糖と［Ⓐ　　　］のところで互いに結合して長い鎖であるヌクレオチド鎖をつくっている。この鎖2本の相補的塩基対が［Ⓑ　　　］という弱い結合でつながりながら二重らせん構造をつくっている。

**2** 正しい。ハーディ・ワインベルグの法則が成り立ち，世代が変わっても対立遺伝子の頻度が変化しない集団は，遺伝子平衡にあるという。一方，小さな集団内では［Ⓒ　　　］が起こりやすくなる。

**3** 自家受粉する植物は，同じ個体のおしべの花粉がめしべに受粉することで種子ができる。自家受粉を繰り返すと遺伝子構成がほぼ等しくなり，遺伝子的な純度が高まり［Ⓓ　　　］接合体が多くなる。突然変異には，染色体の異常で起こる染色体突然変異と，DNAの塩基の変化で起こる遺伝子突然変異とがある。変異によって新しい形質が生じ，それが遺伝することによって，生物は進化し多様化する。近年では人為的な遺伝子組換えによる品種改良も行われている。

**4** 他の種とは生殖的に隔離されている集団を種とし，生物分類の基本単位とされている。現在は，ドメイン，界，門，綱，目，［Ⓔ　　　］，属，種という8つの階級によって生物の分類が行われている。

**5** 生物はそれぞれ独自のゲノムを持っており，ゲノムの多様性が生物種に多様性を与え，この多様性を示す一つの指標がゲノムサイズ（総塩基対数）である。ヒトのゲノムは約30億塩基対あり，2003年にそのすべてが解読された。遺伝子が解明されるにつれて，遺伝子を改変することも可能となった。［Ⓕ　　　］では，遺伝子組換え技術により改変された生物の規制がされている。

## Point

- □ 相同染色体がその一部を減数分裂時に交換する現象を乗換えといい，乗換えが起こると遺伝子に組換えが起こる。
- □ ワシントン条約は，正式名称を「絶滅のおそれのある野生動植物の種の国際取引に関する条約」といい，野生動植物の国際取引の規制をすることにより，絶滅のおそれのある野生動植物の保護を図ることを目的としている。

Ⓐ：リン酸，Ⓑ：水素結合，Ⓒ：遺伝的浮動，Ⓓ：ホモ，Ⓔ：科，Ⓕ：生物多様性条約

生物042

# バイオテクノロジー

## バイオテクノロジーに関する記述として最も妥当なのはどれか。

**1** ある生物の特定の遺伝子を人工的に別のDNAに組み込む操作を遺伝子組換えという。遺伝子組換えでは，DNAの特定の塩基配列を認識して切断する制限酵素などが用いられる。

**2** 大腸菌は，プラスミドと呼ばれる~~1本鎖~~のDNAを有する。大腸菌から取り出し，目的の遺伝子を組み込んだプラスミドは，~~試験管内で効率よく増やすことができる~~。

2本鎖

➲プラスミドそのものを増やすことはできない

**3** 特定のDNA領域を多量に増幅する方法としてPCR法がある。初期工程では，DNAを1本鎖にするため，~~−200℃程度の超低温下~~で反応を行う必要がある。

95℃程度の高温下

**4** 長さが異なるDNA断片を分離する方法として，~~寒天~~ゲルを用いた電気泳動が利用される。~~長いDNA断片ほど強い電荷を持ち速く移動する性質~~を利用し，移動距離からその長さが推定できる。

アガロース（寒天の主成分）

➲断片の長さと電荷の強弱は関係がなく，小さい断片ほど速く移動できる

**5** 植物の遺伝子組換えには，~~バクテリオファージというウイルス~~が利用される。バクテリオファージは~~ヒトへの感染に注意する必要がある~~ため，安全性確保に対する取組みが課題である。

アグロバクテリウムという細菌のプラスミド

➲細菌（バクテリア）にのみ感染するウイルスで，ヒトへの感染の可能性はないとされている

難易度 ★★★　重要度 ★★

**1** 正しい。遺伝子組換えでは，はさみの働きをする制限酵素のほかに，のりの働きをする［Ⓐ　　　　］が用いられる。

**2** 細菌には，細胞自体の染色体DNAとは別に，独立して増殖する小型の環状2本鎖DNAが存在する。これを［Ⓑ　　　　］という。目的遺伝子を組み込んだ［Ⓑ　　　　］を大腸菌に取り込ませ，この大腸菌を増殖させることで，糖尿病の治療に欠かせない［Ⓒ　　　　］が大量に生産されている。

**3** PCR法（ポリメラーゼ連鎖反応法）は［Ⓓ　　　　］という酵素の反応を利用し，同じ塩基配列を持ったDNA断片を増幅させることができるバイオテクノロジーの基礎技術である。DNAの2本鎖を1本鎖にするためには，約95℃の高温下で熱変性させる必要がある。

**4** DNAの［Ⓔ　　　　］は，DNA断片が負（−）の電荷を持っており，電圧をかけるとゲル中を陽極（＋）に向かって移動する性質を利用する。小さい断片ほどゲルの網目に引っかかりにくいため，より速く移動できる。DNAの［Ⓔ　　　　］は，塩基配列の解析やDNA型鑑定に用いられる。

**5** 遺伝子組換えにおいて，目的遺伝子を特定の細胞に導入する際の運び屋を［Ⓕ　　　　］といい，細菌への導入にはプラスミドやバクテリオファージが，植物細胞にはアグロバクテリウムのプラスミドが，動物細胞にはウイルスが用いられることが多い。

## Point

□ ヒトゲノム計画は2003年にほぼ完了し，個人ごとにゲノム中の塩基配列に異なる部分があることが判明した。この違いに応じ，個人ごとに薬の種類や量などを最適化する医療を「オーダーメイド医療」という。

□ 遺伝子導入技術によって作成された個体を「トランスジェニック生物」と呼ぶ。「青いバラ」はトランスジェニック植物の例であり，ヒト成長ホルモン遺伝子を組み込んで大きくなった「スーパーマウス」や，GFP（緑色蛍光タンパク質）の遺伝子を組み込んだ，全身が緑色に光るマウスなどは，トランスジェニック動物の例である。なお，食品の場合は遺伝子組換え（GM）食物と呼ばれる。

Ⓐ：DNAリガーゼ，Ⓑ：プラスミド，Ⓒ：インスリン，Ⓓ：DNAポリメラーゼ，Ⓔ：電気泳動，Ⓕ：ベクター

生物043

# 動物の分類や系統

## 動物の分類や系統に関する記述として最も妥当なのはどれか。

平成20年度 国家Ⅱ種・改

**1** 動物は，体壁と内臓の間の空所の有無やでき方によって分類される場合があり，無体腔動物・偽体腔動物・真体腔動物に分けられる。真体腔動物は，さらに旧口動物群と新口動物群に分けられ，脊椎動物は，原口が肛門となって口が反対側にできる新口動物に属している。

**2** 動物は，胚の発生時の胚葉の分化の程度によって大別され，~~一胚葉動物と二胚葉動物に分類される。無脊椎動物の多くが一胚葉動物に属し，脊椎動物は外胚葉と中胚葉の二胚葉動物である~~。
➲多くの動物は三胚葉動物

**3** 生物の分類階層は，上位から順に界・門・~~目・属・種・科・綱~~（綱・目・科・属・種）と整理される。動物については，動物界の下で~~無脊椎動物門~~（➲このような分類はない）と脊椎動物門とに分かれ，脊椎動物門の下でさらに，ホ乳~~目~~（綱）・鳥~~目~~（綱）・ハ虫~~目~~（綱）・両生~~目~~（綱）・魚~~目~~（綱）に分かれる。

**4** 無脊椎動物はさまざまな体のつくりを持つ多くの動物群で，体のつくりの共通点や相違点に基づいて多くのグループに分類される。なかでも~~クラゲ~~（バッタ）や~~ナマコ~~（エビ）などの~~軟体動物~~（節足動物）は，動物界で最も種が多い生物門とされ，これまでに百万種以上が知られている。

**5** 脊椎動物は，~~節足動物~~（原索動物）から進化してきた動物群で発生の過程で脊索がつくられる。~~エビ~~（ナメクジウオ）などの~~節足動物~~（原索動物）では脊索が~~退化していき~~（残るが），魚などの脊椎動物ではのちに脊椎骨に置き換わる。

難易度 ★★★ 重要度 ★★★

**1** 正しい。無体腔動物は，無胚葉性で体腔(たいくう)のない動物と二胚葉性の動物をいう。また，［Ⓐ　　　　］由来でない体腔を持つ動物を偽体腔動物といい，真体腔動物とは区別している。偽体腔は真体腔に比べて構造的に弱く，一般に小型である。真体腔動物は，中胚葉由来の体腔を持つ動物である。

**2** 動物の受精卵は卵割の過程で胞胚を形成する。さらに発生が進むと，さまざまな器官を形成するもとになる胞胚に分化する。胚葉の分化による分類では，動物のほとんどは［Ⓑ　　　　］の動物に含まれるが，刺胞動物などの二胚葉性の動物，海綿動物などの無胚葉性の動物（器官が明確には分化しないもの）もいる。

**3** 生物の分類階層は上位から界・門・綱・目・科・属・種の順で，必要に応じて，各階層の語頭に「亜」をつけて細分化している。ヒトを分類すると，動物界・脊椎動物門・ホ乳綱・［Ⓒ　　　　］・ヒト科・ヒト属・ヒトである。

**4** 動物界で最も種が多い生物門は節足動物門である。鋏角(きょうかく)亜門，多足亜門，甲殻亜門，六脚亜門などの亜門がある。このうち，六脚亜門には，チョウやバッタなどの［Ⓓ　　　　］が含まれる。なお，クラゲは刺胞(しほう)動物，ナマコは棘皮(きょくひ)動物で軟体動物ではない。軟体動物とはイカ，タコ，貝などである。

**5** 脊椎動物の最も原始的な祖先は，［Ⓔ　　　　］門の頭索(とうさく)動物亜門に分類されるナメクジウオであると考えられている。頭部から尾部にかけて脊索(せきさく)を持っている。脊索は脊椎動物のように脊椎骨には置き換わらないが，脊索の背側に神経索を持っている。

## Point

- □ 節足動物は旧口動物であり，初期胚に形成された原口がそのまま口となって発生する動物である。
- □ 脊椎動物は新口動物であり，原口が口にならず，肛門となり（または，原口の付近に肛門ができ），口は別に形成（原口と反対側に形成）される動物である。後口動物ともいう。

Ⓐ：中胚葉，Ⓑ：三胚葉性，Ⓒ：霊長目，Ⓓ：昆虫綱，Ⓔ：原索動物

## 生物044

# 生物の進化

## 生物の進化に関する記述として最も妥当なのはどれか。

平成24年度
国家専門職

**1** ダーウィンは，従来の~~自然選択説~~に対して，~~用不用の説~~に基づく進化論を提
用不用説など　自然選択説
唱した。これは，生物は環境に適応しようとするが，~~その結果が子孫に遺伝（獲
得形質の遺伝）~~し，次第に環境に適応した形質を持つ生物が誕生するというものである。
➲用不用説の理論である

**2** 古生代末や中生代末には生物が大量絶滅したが，その絶滅の空白を埋めるように別の系統の生物が新たに誕生し繁栄している。~~古生代末~~の裸子植物の~~絶滅後~~
中生代末 ➲裸子植物は絶滅していない
に被子植物が，中生代末の恐竜類の絶滅後にホ乳類が，それぞれ~~誕生~~したと考えられている。
繁栄

**3** 人類は，~~中央アジア~~に生息していた霊長類より進化したものと考えられてい
アフリカ
る。進化の主な原因は氷河期到来による森林の消失と草原の出現で，その結果，大脳，手，耳などの機能が発達したと考えられている。

**4** 恒温動物の種分化に関しては，温暖な地域では~~大型化~~し，寒冷な地域では~~小
型化~~する傾向が見られる。わが国では，南九州の屋久島に生息するヤクシカや
小型化　大型化
ヤクザルは，それぞれシカ類，サル類の中で~~最も大きい~~ことがこの例として挙げられる。
➲小さいほうである

**5** 大陸から離れた島にすむ生物は，ほかの場所へ移動することが難しく地理的に隔離された状態が続くと単一種の集団間に生殖的隔離が起き，種分化が生じることがある。わが国では，海洋島である小笠原諸島において，種分化が起こり，陸産貝類や植物などの固有種が多く見られる。

**1** ダーウィンは，あらゆる生物種は，長い時間をかけて共通の祖先から自然選択によって進化したという自然選択説を提唱し，進化論として，著書［Ⓐ　　　　　］にまとめた。用不用説は，ラマルクにより提唱され，生物がその生涯で獲得した形質が子孫に遺伝するというものである。

**2** 新しい種が繁栄したからといって，それ以前に繁栄していた種が必ずしも絶滅するわけではない。裸子植物は，中生代後期に繁栄し，新生代には被子植物が繁栄した。裸子植物は，絶滅することなく現在も存在している。裸子植物の例としてはマツ，スギ，イチョウ，ソテツなどがある。

**3** 霊長類が出現したのは約 6500 万年前とされるが，その後，進化の過程で［Ⓑ　　　　　］が分岐し，初期の人類が出現したのは約 500 万年前とされている。

**4** 恒温度物において，同じ種であっても，寒冷な地域に生息するものほど大型化するという法則を，提唱者の名前から［Ⓒ　　　　　］という。

**5** 正しい。小笠原諸島は，大陸から隔絶していたため生物は独自の進化を遂げ，ダーウィンが進化論のきっかけを発見した島の名前にちなんで「東洋の［Ⓓ　　　　　］」と呼ばれることもある。小笠原諸島は 2011 年に日本で 4 件目の世界自然遺産に登録された。

## Point

- □ 自然選択説は，自然淘汰説とも呼ばれる。自然環境の変化に対して，適応力の弱い個体は生存競争に勝ち残れず淘汰され，自然環境がふるいの役割をするという考え方である。
- □ 同じ種，近縁の恒温動物においては，寒冷地に生息するものほど耳や首，足，尾などの突出した部分は短くなるという法則をアレンの法則という。
- □ それぞれ異なる祖先を持つにもかかわらず，同じような生活環境に適応した結果，よく似た外形と習性を持つものに進化することを収斂（しゅうれん）進化という。モグラもフクロモグラも土中の小動物を捕らえて食べる。

Ⓐ：『種の起源』，Ⓑ：類人猿，Ⓒ：ベルクマンの法則，Ⓓ：ガラパゴス

# 生態系における物質収支

## 生態系における物質収支に関する記述として，妥当なのはどれか。

令和2年度 地方上級

**1** 総生産量とは，生産者が光合成によって生産した~~無機物~~の総量をいう。
有機物

**2** 生産者の純生産量とは，総生産量から~~現存量~~を引いたものをいう。
呼吸量

**3** 生産者の成長量とは，純生産量から枯死量と被食量を引いたものをいう。

**4** 消費者の同化量とは，~~生産量~~から~~被食量と死亡量~~を引いたものをいう。
摂食量　不消化排出量

**5** 消費者の成長量とは，~~摂食量~~から~~不消化排出量~~を引いたものをいう。
同化量　呼吸量，被食量，死滅量

難易度 ★★★　重要度 ★★★

**123**

光合成により植物（生産者）が有機物を作り出すことを［Ⓐ　　　］といい，その総量を［Ⓑ　　　］と呼ぶ。植物はその一部を利用して呼吸を行う。その際に消費する呼吸量を総生産量から差し引くと，［Ⓒ　　　］となり，成長やほかの生物が利用できるものとなる。

- 総生産量＝純生産量＋呼吸量
- 成長量＝純生産量－(枯死量＋被食量)

森林では，［Ⓐ　　　］が大きくなる。特に熱帯多雨林では，他所と比べてかなり大きい。ただし，気温の高い熱帯地域では呼吸量も大きくなるため，［Ⓒ　　　］を比較すると，他所との差はそこまで大きくない。

**45**

消費者は，栄養段階が１段階下位の生物を捕食することで生産者を直接的もしくは間接的に摂り入れて成長する。摂食量がそのまま体内に吸収されるわけではなく，一部は排出される（不消化排出量）。吸収された有機物（［Ⓓ　　　］）のうち，呼吸に使用した分や上位の動物に食べられた分などを差し引いたものが，成長に使える量（［Ⓔ　　　］）となる。

- 同化量＝摂食量－不消化排出量
- 成長量＝同化量－(呼吸量＋被食量＋死滅量)

□ 地球全体での純生産量は，乾燥重量にして１年当たり 170 兆 kg といわれる。そのうち約３分の２が陸上，３分の１が海上で生産されている。

Ⓐ：物質生産，Ⓑ：総生産量，Ⓒ：純生産量，Ⓓ：同化量，Ⓔ：成長量

# 身の回りの陸上植物

## 身の回りの陸上植物に関するA，B，Cの記述のうち，妥当なもののみをすべて挙げているのはどれか。

平成21年度
国税専門官

**A** ゼニゴケやリトマスゴケは光合成をほとんど行わず，地中の栄養で生活するため，維管束を持っていない。種子を作らず，胞子により繁殖する。胞子は体細胞分裂により作られ，体細胞と同様に2組の染色体を持つ。これらの特徴から，ゼニゴケやリトマスゴケは，コケ植物に分類されると考えられる。

➲ゼニゴケは葉緑体を持ち，光合成を行う
減数分裂
➲胞子体から減数分裂によって作られるので染色体は1組（$n$）になる
➲リトマスゴケは地衣類でコケ植物には含まれない

**B** スギやイネの維管束は未発達であり，仮道管と呼ばれる同じ1本の通路を，水や光合成産物が通っている。これらの植物では，種子のもととなる胚珠がむき出しになっているため，胚珠の一部である花粉が風に乗って飛散する。これらの特徴から，スギやイネは，裸子植物に分類されると考えられる。

➲スギもイネも維管束が発達した種子植物である
➲光合成産物は師管を通る
雄花で作られる
➲イネは被子植物である

**C** モモやウメは維管束が発達しており，水や無機物が通る道管と，主に光合成産物が通る師管を持っている。これらの植物では，種子のもととなる胚珠は子房に包まれており，この子房が発達してできたものが果実である。これらの特徴から，モモやウメは，被子植物に分類されると考えられる。

1…… A
2…… A，B
3…… B
4…… B，C
5…… C

難易度★★★　重要度★★★

**A** ゼニゴケなどのコケ植物は葉緑体を持ち，光合成を行って自分で栄養分を作ることができる。根，茎，葉の区別がなく，維管束もない。根のように見えるものを［Ⓐ　　　　］といい，ほかのものに付着するためのものである。種子を作らず胞子によって繁殖するが，胞子は［Ⓑ　　　　］によってできるため，単相（$n$）である。

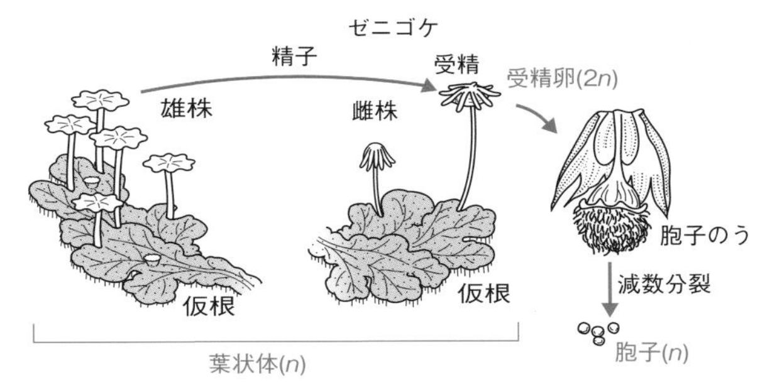


**B** スギは［Ⓒ　　　　］植物で，雄花と雌花の区別がある。子房はなく，胚珠(はいしゅ)は雌花のりん片にむき出しでついている。これに対して，イネは［Ⓓ　　　　］植物で，胚珠が子房に包まれている。イネも維管束が発達し，水を通す［Ⓔ　　　　］と葉などで作られた栄養分を通す［Ⓕ　　　　］とがある。また，スギの花もイネの花も花びらがなく，花粉は風によって運ばれる風媒花である。

**C** 正しい。モモもウメも［Ⓖ　　　　］植物に分類され，モモはバラ科モモ属，ウメはバラ科サクラ属の植物である。どちらも［Ⓗ　　　　］で，維管束が発達し，茎の横断面に対して維管束が輪状に並んでいる。

よって，正しいのは**C**だけだから，**5**が正答である。

## Point

□ コケ植物の植物体は配偶体であり，核相は単相（$n$）である。単相の植物体の上に造卵器と造精器が形成され，それらが卵細胞と精子を作り，受精が行われた受精卵が複相（$2n$）である。

□ リトマスゴケは地衣類のリトマスゴケ科に属し，体は菌糸からできている。外見はコケ植物に似ているが、地衣類は菌類であって植物ではない。

Ⓐ：仮根，Ⓑ：減数分裂，Ⓒ：裸子，Ⓓ：被子，Ⓔ：道管，Ⓕ：師管，Ⓖ：被子，Ⓗ：双子葉類

# 植物群落

**植物群落は時間とともに変化し，最後にはほとんど変化しない安定した群落になるが，この安定した群落に至るまでの変化（遷移）に関する次の記述のうち，妥当なものはどれか。**

平成6年度
国家Ⅱ種

**1** 火山の噴火で地表が溶岩で覆われた裸地が形成されると，まず，草が生え始め，（地衣類やコケ類，次いで）やがて大草原となり次に背の低い陰樹（陽樹）が侵入してくる。

**2** 陰樹林（陽樹林）の形成が進んでくるに従い，背の低い陽樹（陰樹）がまばらに侵入してきて，やがて陽樹林（陰樹林）となり陰樹は下層に成育するようになる。

**3** 新しくできた湖には，植物プランクトンや藻類が増殖し，また土砂で浅くなるとヨシなどの水生植物が生育して，長い年月のうちに湿原に変わっていく。

**4** 陰樹林になると陰樹自身の芽生えもじゅうぶんには成育できないほどになり陰樹は絶滅し，その後には地衣類やコケ植物も生育できないようになる。
➲陰樹は生育できるので，陰樹林の長期安定状態が続く

**5** 畑地を放置したり林を焼いたりして裸地になったところでは，遷移の進み方が遅く，地衣類やコケ植物が芽生えるまでには相当の長期間が必要になる。
➲すぐに草が侵入し，遷移の進み方は早い

難易度 ★★★　重要度 ★★★

**1** 溶岩で覆われた裸地では，溶岩の透き間などに，乾燥に強い地衣類や［Ⓐ　　　　］が生え，土壌が形成されるとススキなどの多年生草本が侵入し，やがて［Ⓑ　　　　］を形成する。その後，陰樹より成長が速い陽樹の低木が成育し，陽樹林が形成される。

**2** 陽樹林の中にシイ，カシなどの陰樹が侵入すると，陽樹と陰樹の［Ⓒ　　　　］ができるが，陽樹の幼木は日照不足のため生育できなくなり，弱い光でも生育できる陰樹の幼木が育っていき，やがて陰樹だけの林になっていく。

**3** 正しい。新しくできた湖沼などには，周りから土砂や植物の遺骸などが流れ込むが，それらの有機物の分解により［Ⓓ　　　　］が進み，植物プランクトンや［Ⓔ　　　　］が増殖するようになる。さらに，土砂の流入や植物の遺骸の堆積が進むと，湖沼は浅くなり，ヨシなどの水生植物が侵入し，湿原へと変わっていく。

**4** 陰樹は弱い光でも生育できるので，陰樹の芽生えは陰樹林でもその下層でも生育できるが，陽樹の芽生えは日照不足で生育できない。このため，一度陰樹林を形成すると，長期安定状態になる。この状態を［Ⓕ　　　　］という。

**5** 放置された畑地や，林を焼いた裸地では，土に含まれる栄養分が豊富なことと，埋土種子や地下茎，根などが存在することから，すぐに草が繁茂し，さらに［Ⓖ　　　　］の低木が侵入してくる。このため，比較的短い時間で植物群落の遷移が進む。

## Point

- □ 陰樹の極相林内では小さな変動が起きても極相が維持される。極相がくずれるのは，森林火災や火山の噴火など，大きな変動が起きた場合である。
- □ ブナ林は陰樹の極相林であるが，季節で見ると冬から春にかけては葉を落としていて，林床にも光が届く。カタクリなどは，ブナの葉が繁る前に花を咲かせ，生息を続けている。

Ⓐ：コケ類，Ⓑ：草原，Ⓒ：混交林，Ⓓ：富栄養化，Ⓔ：藻類，Ⓕ：極相（クライマックス），Ⓖ：陽樹

# 生物の多様性と生態系

## 生物多様性と生態系に関する記述として最も妥当なのはどれか。

平成27年度
国家総合職

**1** 大陸から離れた島にすむ生物や，高山帯にのみ生活する生物は，他の場所へ移動することが難しく，**地理的に隔離**された状態となる。また，同種の２つの集団が長い間隔離されると，それらの集団間の遺伝子の差が次第に大きくなる。マダガスカル島や小笠原諸島などでは，このようにして動植物に固有種が多く見られる。

**2** **地球温暖化**により気温が１℃変化することは，南北では約~~1,000 ～ 2,000km~~，
100 ～ 200km
高度で~~1,000 ～ 2,000m~~移動したときの気温の変化に相当し，このような気候
100 ～ 200m　➲おおむね高度が 100m 上がると気温が 0.6℃下がる
変化に対応できない生物は絶滅するとされている。気候変動に関する政府間パネル（IPCC）の報告書によると，世界の平均地上気温は1880年から2012年までに~~5℃~~上昇したとされており，生態系への影響が懸念されている。
0.85℃

**3** 絶滅のおそれがある生物について絶滅の危険度などを記載したものは，~~レッドデータブック~~と呼ばれる。~~ニホンオオカミやニホンカワウソ~~を始めとする環境
レッドリスト
➲どちらも「絶滅種」である
省版~~レッドデータブック~~に「**絶滅危惧種**」として記載された生物は，~~すべて~~
レッドリスト
いわゆる種の保存法で指定され，捕獲や販売・譲渡が禁止されている。
➲「すべて」ではなく，たとえばニホンウナギは捕獲や売買が禁止されていない

**4** 人間の活動によって持ち込まれ，その場にすみ着いている生物は，外来生物と呼ばれる。~~国内で，他の地域に移された生物も在来の生物に影響を与えるため，~~いわゆる外来生物法では，海外起源の生物~~に限らず，わが国在来の生物についても~~特定外来生物に指定している。**特定外来生物**のうち，~~特に~~マングースについては，駆除が行われている。
➲特定外来生物は明治以降に日本に導入された外来生物から指定している
➲アライグマやオオクチバス，セアカゴケグモなどの防除も行われている

**5** 日本列島は南北に長く，亜熱帯から亜寒帯までの気候が分布している。九州・四国および関東平野までの本州南西部の低地には，**照葉樹林**が分布し，~~ガジュマル~~などの高木が~~古有種~~となっている。一方，~~関東および中部地方~~の山地を
シイ・カシ　優占種　九州
南限とする本州東北部から北海道南西部の低地にかけては，~~針葉樹林~~が分布し，~~トドマツ~~などが~~古有種~~となっている。
夏緑樹林　ブナ・ミズナラ　優占種
➲針葉樹林帯があるのは，本州中部では標高 1500 ～ 2000m，東北部では 800 ～ 1800m，北海道では低地でもみられる

**1** 正しい。海洋などにより，自由な往来が妨げられている状況になることを地理的隔離といい，同種の個体どうしの交配ができなくなる。隔離された地域では［Ⓐ　　　　　］により，それぞれの環境に適応した遺伝子を持つ個体が残る。このようにして種分化が起こっていくことを［Ⓑ　　　　　］という。

**2** IPCC の報告書によると，今世紀末までの世界平均地表温度の上昇予測は, 0.3 ～ 4.8℃となっている。これに伴う世界平均［Ⓒ　　　　　］の上昇予想は，0.26 ～ 0.82 mになっている。

**3** 秋田県の田沢湖にのみ生息し，絶滅したとされていた魚類であったが，2010 年に山梨県の西湖で生息していることが確認されたことで，2013 年に環境省が発表したレッドリストで,「絶滅」から「野生絶滅」に変更された生物が［Ⓓ　　　　　］である。

**4** ［Ⓔ　　　　　］は，2015 年 3 月現在で，交雑種も含めて 113 種が指定されている。最も多いのはホ乳類の 25 種で，次いでハ虫類の 16 種になっている。

**5** 亜熱帯からほぼ亜寒帯に近い気候区分を持つ島としては鹿児島県の［Ⓕ　　　　　］がある。海岸付近には亜熱帯性植物であるガジュマルやマングローブがあり，標高 600 m付近までは照葉樹林が中心で，1600 m付近までは針葉樹との混交林がある。

## Point

- ☐ 生物の多様性には「生態系多様性」「種の多様性」「遺伝的多様性」がある。
- ☐ 地理的隔離で分かれた種が再び出会ったとき，交配できなくなることを生殖隔離という。
- ☐ 絶滅のおそれのある野生生物のリストをレッドリストと呼び，それらの生物の生息状況等をとりまとめた冊子をレッドデータブックと呼ぶ。
- ☐ 日本における絶滅危惧種には，ニホンアシカ，ニホンウナギ，イリオモテヤマネコ，コウノトリ，オガサワラオオコウモリなどがある。

Ⓐ：自然選択，Ⓑ：異所的種分化，Ⓒ：海面水位，Ⓓ：クニマス，Ⓔ：特定外来生物，Ⓕ：屋久島

# 生物学史

**表は，主要な生物学史を示している。表中の1～5のそれぞれの業績の分野に関する記述として最も妥当なものはどれか。**

平成25年度
国家総合職

| | 年 | 人名 | 業績 |
|---|---|---|---|
| 1 | 1665年 | フック | 細胞を発見 |
| 2 | 1865年 | メンデル | 遺伝の法則を提唱 |
| 3 | 1901年 | 高峰譲吉 | アドレナリンの抽出に成功 |
| 4 | 1910年 | ボイセン＝イェンセン | 植物の光屈性の研究 |
| 5 | 1924年 | シュペーマン | イモリの胚で形成体を発見 |

**1** 細胞は生命の基本単位とされる。細胞質の最外層は細胞膜であり，膜状に広がった脂質の二重層の中にタンパク質がモザイク状に分布している。真核細胞には核膜で包まれた核があり，核の内部に染色体が存在する。一方，原核細胞では，染色体は細胞質中に存在しており，また，一般にミトコンドリアや葉緑体は存在しない。

**2** 遺伝の法則は，優性の法則，分離の法則，独立の法則の三つからなる。このうち，~~分離~~（独立）の法則とは，複数組の対立遺伝子がある場合でも，それらが互いに影響することなく配偶子に分配されることをいうが，連鎖している遺伝子では本法則は成立しない。また，~~独立~~（分離）の法則とは，減数分裂時に一組の対立遺伝子が独立して別々の配偶子に分配されることをいう。

**3** ~~アドレナリン~~（ノルアドレナリン）は一般に，交感神経の末端から分泌される物質であり，心臓の拍動を速め，血圧を上昇させる。これと拮抗的に作用するのは，副交感神経の末端から分泌される~~チロキシン~~（アセチルコリン）である。これら自律神経系の中枢は~~脊髄~~（間脳の視床下部）にあるが，~~その働きは中脳~~によって調節されており，~~大脳の支配から独立しているため，~~通常，意志とは無関係に自動的に働く。
➡血圧の中枢は間脳の視床下部，拍動の中枢は延髄
➡大脳とは異なる間脳が中枢のため

**4** 植物の光屈性の研究などにより発見された物質は，オーキシンという植物ホルモンである。オーキシンに対する感受性は器官によって異なり，~~オーキシン濃度が高ければ高いほど芽と茎の成長は促進される。一方，根の成長はオーキシンによって抑制されるため，~~挿し木繁殖では，不定根の発根促進のために抗オーキシン剤が利用されている。
➡最適濃度があって，茎＞芽＞根の順である

**5** 動物の器官の形成過程では，細胞が分化していく一方で，決められた時期に決められた細胞が失われていく。このような「プログラムされた細胞死」~~を引き起こす働きを持つ胚の特定の部位を形成体といい，その働き~~をアポトーシスという。アポトーシスは，生体機能維持のための重要な仕組みであると考えられている。
➡胚期に接する領域を特定の器官へ分化誘導する部位を形成体という

**1** 正しい。細胞膜や核膜などを生体膜といい，特定の物質のみを通す［Ⓐ　　　　］を持つ。からだが原核細胞からなる生物を原核生物といい，細菌と古細菌がある。細菌にはクロロフィルを持ち光合成を行う［Ⓑ　　　　］がある。膜に覆われた葉緑体はないが，細胞の周辺部に何層かのチラコイドを持ち光合成を行う。

**2** 同一染色体上にある2組以上の対立遺伝子が，配偶子形成時に行動をともにすることを連鎖という。しかし，減数分裂で染色体の［Ⓒ　　　　］が起こると，遺伝子の組換えが生じて不完全連鎖になる。また，組換えにより生じた配偶子の割合を組換え値という。

**3** 集中神経系は中枢神経系と末梢神経系に分けられ，末梢神経系は［Ⓓ　　　　］と自律神経系に分けられる。自律神経系には交感神経と副交感神経があり，中枢は間脳の視床下部にある。血液中の二酸化炭素濃度が上がると，交感神経末端からノルアドレナリンが分泌され，心臓の洞房結節が刺激されて拍動数が増加する。

**4** オーキシンは細胞壁の伸長，呼吸，細胞分裂，発根を［Ⓔ　　　　］し，落葉，落果，側芽の成長を［Ⓕ　　　　］する。また，オーキシンは水平に置いた植物では茎や根の下側へ移動する。これにより，茎では高濃度になる下側の成長が［Ⓔ　　　　］されて上向きに曲がり，根では高濃度になる下側の成長が［Ⓕ　　　　］されて下向きに曲がる。

**5** アポトーシスの例としては，ヒトの発生過程で指と指の間にできる水掻き状の細胞や，免疫作用において自己を攻撃してしまう性質の［Ⓖ　　　　］などがある。形成体の例としては，初期原腸胚にでき，外胚葉から神経管を誘導する原口背唇部がある。

## Point

- ☐ アドレナリンは主に副腎髄質から分泌され，心拍数の増加，血管収縮による血圧の上昇，瞳孔の拡大，血糖量の増加，消化運動の抑制などの働きがある。恐怖，興奮，驚愕時に大量に分泌される。
- ☐ 植物ホルモンには，ジベレリン（茎の伸長，子房発育，発芽の促進），サイトカイニン（細胞分裂の促進，分化の促進），アブシシン酸（落葉・落果の促進，気孔の閉孔），エチレン（果実の成熟促進）などがある。

Ⓐ：選択的透過性，Ⓑ：シアノバクテリア（藍藻），Ⓒ：乗換え（交叉），Ⓓ：体性神経系，Ⓔ：促進，Ⓕ：抑制，Ⓖ：T細胞

生物050

# 日本の医学者・生物学者の業績

**表は，日本の医学者・生物学者とその業績の一部を示している。表中の1～5のそれぞれの業績の分野に関する記述として最も妥当なのはどれか。**

令和３年度
国家総合職

| | 人名 | 業績 |
|---|---|---|
| 1 | 北里柴三郎 | 破傷風菌の培養に成功 |
| 2 | 高峰譲吉 | アドレナリンの抽出に成功 |
| 3 | 黒沢英一 | 植物ホルモンであるジベレリンを発見 |
| 4 | 牧野佐二郎 | ヒトの染色体が46本であることを発表 |
| 5 | 山中伸弥 | iPS細胞の作製に成功 |

**1** 破傷風菌などの細菌は~~真核細胞~~（原核細胞）からなる~~真核生物~~（原核生物）であり，そのDNAは核膜に~~包まれている~~（包まれていない）。細菌の細胞内には，光エネルギーを吸収して光合成を行う~~ミトコンドリア~~（葉緑体）や，呼吸によりエネルギーを取り出す役割を担う~~液胞~~（ミトコンドリア）などの細胞小器官が~~存在する~~（存在しない）。北里柴三郎は，培養した破傷風菌から得られた毒素を利用して血清療法を開発し，破傷風の治療と予防に貢献した。

**2** 食事の摂取によって血糖値が上昇すると，その信号が~~交感神経~~（副交感神経）を通じて伝わり，~~アドレナリンや~~インスリンが分泌される。（➡アドレナリンは血糖値を上げる）アドレナリンは~~インスリンと共に~~，肝臓に蓄積されているグリコーゲンからグルコースの生成を促進し，血糖値を~~低下~~（上昇）させる。高峰譲吉は，抽出したアドレナリンを~~血糖降下薬~~（止血剤）として製剤化し，~~糖尿病の治療~~（医学の発展）に貢献した。

**3** 黒沢英一は，イネの成長が通常より促進されるイネ馬鹿苗病の原因菌の培養液からジベレリンを発見した。ジベレリンには成長作用のほかに~~落果促進作用~~が（➡落果を促進するのはアブシシン酸）あり，未熟なバナナを放置すると~~ジベレリン~~（エチレン）の作用により徐々に熟していく。一方，未熟なバナナと成熟したリンゴを密閉容器に入れると，リンゴ由来のエチレンが~~ジベレリンと拮抗し~~，バナナの成熟を~~遅らせる~~（促進する）ことができる。

**4** 染色体に含まれるDNAは，塩基，糖，~~脂肪酸~~（リン酸）が１つずつ結合したヌクレオチドが多数鎖状に連なった構造を持つ。DNAを構成する糖は~~リボース~~（デオキシリボース）であり，塩基にはアデニン，チミン，グアニン，~~ウラシル~~（シトシン）の４種類がある。牧野佐二郎がヒトの染色体の本数を発表して以降，ダウン症候群のような染色体数の異常に起因する疾患の解明が進んだ。

**5** iPS細胞は，分化した体細胞に遺伝子を導入することで細胞を未分化な状態に戻したものであり，さまざまな細胞に分化する多能性と高い増殖能を持つ。山中伸弥は，iPS細胞の作製でノーベル生理学・医学賞を受賞した。この細胞は再生医療などへの活用が期待されているが，医療応用上の問題として，腫瘍化の可能性も指摘されており，このリスクを軽減するための研究も進められている。

# 解説

難易度 ★☆☆ 重要度 ★★★

**1** 破傷風菌や大腸菌，乳酸菌などは核膜を持たない原核生物である。原核生物の細胞には，ミトコンドリアや葉緑体，液胞といった［Ⓐ　　　　］は存在しない。原核生物は細胞質基質において解糖系の呼吸反応を行いエネルギーを生産している。

**2** アドレナリンはグルカゴンとともに筋肉や肝臓のグリコーゲンを分解し，血糖濃度を上昇させる。一方，［Ⓑ　　　　］は細胞によるグルコースの吸収量を増加させ，筋肉や肝臓などでグルコースからグリコーゲンへの合成を促進させて，血糖濃度を低下させる。高峰譲吉は牛の副腎からアドレナリンを取り出すことに成功し，外科手術の止血剤として使用することで患者の生存率を高めた。

**3** 黒沢英一が［Ⓒ　　　　］から発見したジベレリンは，茎の伸長促進，種子の発芽促進，休眠中の芽の発育促進，子房の発育促進，開花促進の作用を持ち，種なしブドウの栽培に活用されている。一方，エチレンは果実の成熟を促進する気体の植物ホルモンで，同じ空間にある未成熟果実にも影響を与える。

**4** 染色体数は生物によって決まっていて，その数は 2n が基本である。しかし，染色体数に異常がみられることもある。ヒトの染色体は，46 本（n ＝ 23）であるが，21 番目の染色体が 1 つ増加し 47 本であると［Ⓓ　　　　］となる。

| | DNA（デオキシリボ核酸） | RNA（リボ核酸） |
|---|---|---|
| 糖 | デオキシリボース | リボース |
| 塩基 | アデニン，チミン，<br>シトシン，グアニン | アデニン，ウラシル，<br>シトシン，グアニン |
| リン酸 | 同じ | |

**5** 正しい。［Ⓔ　　　　］（胚性幹細胞）はほぼすべての細胞になる能力（全能性）を持ち，心筋や神経といった再生が困難な細胞の機能が失われたけがや病気を治療する可能性を持つが，拒絶反応が起こることと，細胞を胎児になる部分から取り出すことから倫理上の問題が生じている。一方で，iPS 細胞（人工多能性幹細胞）は患者自身の体細胞から作るため，拒絶反応は起こらず，倫理上の問題も少ない。

## Point

- ☐ 染色体数の異常は，科学技術としてタネナシスイカの栽培などに用いられることもある。

Ⓐ：細胞小器官，Ⓑ：インスリン，Ⓒ：馬鹿苗病菌，Ⓓ：ダウン症，Ⓔ：ES 細胞

051 → 100

# 太陽系の惑星

## 太陽系の惑星に関する次の記述のうち，明らかに誤っているものはどれか。

平成16年度 裁判所

**1** 衛星がない惑星は，水星と金星である。

**2** 地球型惑星（水星・金星・地球・火星）は，木星型惑星（木星・土星・天王星・海王星）に比べて，質量や半径が小さい。

**3** 小惑星は，主として~~地球~~（木星）と火星の軌道の間に点在する。

**4** 木星型惑星（木星・土星・天王星・海王星）は，地球型惑星（水星・金星・地球・火星）に比べて，平均密度が小さい。

**5** 金星は，ほかの惑星に比べて，自転周期が最も長い。

難易度 ★★★ 重要度 ★★★

**1** 太陽系には，現在約 100 個以上の衛星が知られている。地球も 1 個の衛星（月）を持つが，[Ⓐ　　　　] である水星と金星は衛星を持たない。

**2** 水星，金星，地球，火星を地球型惑星といい，木星，土星，天王星，海王星を木星型惑星という。地球型惑星の赤道半径は地球が 6378km，質量は地球が 5974 × $10^{24}$kg でそれぞれ最大である。これに対して，木星型惑星の赤道半径は [Ⓑ　　　　] が地球の約 4 倍，質量は [Ⓒ　　　　] が地球の約 15 倍でそれぞれ木星型惑星で最も小さい。

**3** 誤りなのでこれが正答となる。小惑星は不規則な形をした小天体で，軌道がわかっているものでも約 1 万個あり，その多くは木星と火星の間の軌道を [Ⓓ　　　　] と同じ向きに公転している。

**4** 地球型惑星は，中心部に鉄を主体とした核があり，それを岩石質のマントルと [Ⓔ　　　　] が覆っている。これに対して，木星型惑星は中心部に岩石質の核を持つが，それを覆っているのは金属水素や [Ⓕ　　　　] である。したがって，地球型惑星のほうが木星型惑星より密度が大きい。

**5** 地球の自転周期は 0.9973 日であるが，水星は 58.65 日，金星は 243.02 日，火星は 1.0260 日でいずれも地球より長い。これに対して，[Ⓖ　　　　] の自転周期はいずれも地球より短い。

## Point

- ☐ 2006 年 8 月に開かれた国際天文学連合（IAU）総会で，それまで明確でなかった惑星の定義が定められ，準惑星という分類が新設された。この結果，冥王星は小惑星セレスなどとともに準惑星に分類された。
- ☐ 木星型惑星の赤道半径は地球型惑星の赤道半径より大きいが，自転周期は地球型惑星より小さく，高速で自転している。
- ☐ 金星の自転周期は 243.02 日，公転周期は 224.5 日で，公転周期より自転周期のほうが長い。これはほかの惑星にない特徴である。

Ⓐ：内惑星，Ⓑ：海王星，Ⓒ：天王星，Ⓓ：惑星，Ⓔ：地殻，Ⓕ：液体水素，Ⓖ：木星型惑星

# 惑星の運動

## 惑星の運動に関する次の記述のうち，誤っているものはどれか。

平成7年度
市役所・改

**1** 太陽系には地球を含む８個の惑星のほかに小惑星，衛星，彗星，流星物質，隕石などがある。

**2** 惑星の配置には，チチウス・ボーデの法則が~~成り立つ~~。
成り立たない

**3** 惑星の公転の向きは，天の北極側から見下ろしたとして，すべてが反時計回りである。

**4** 地球から見る惑星の動きには，順行，留，逆行などがある。

**5** ケプラーの法則は，「惑星の軌道は，太陽を１つの焦点とする楕円である」，「太陽と惑星を結ぶ直線が，単位時間に描く面積は一定である」，「惑星の公転周期Ｔの２乗は，惑星の太陽からの平均距離（楕円軌道の半長軸）の３乗に比例する」という３つからなっている。

難易度 ★☆☆ 重要度 ★★★

**1** 太陽とその周りを運動している惑星（準惑星・小惑星を含む），衛星，彗星，惑星空間に漂ようガスや塵（流星物質・隕石）などを含めて太陽系という。このうち，惑星はほぼ［Ⓐ　　　　］の円に近い楕円軌道を［Ⓑ　　　　］の自転と同じ向きに公転している。

**2** 誤りなのでこれが正答となる。法則が提唱された当時に知られていた惑星は，水星，金星，地球，火星，木星，土星の6つであった。また，提唱後（1781年）に発見された［Ⓒ　　　　］についても法則が当てはまった。しかし，海王星が発見され，予想される天文単位から大きくずれ，信憑性が疑われた。その後の研究により，チチウス・ボーデの法則は，力学的な必然ではなく，偶然だという考え方が主流になった。

**3** すべての惑星は北極側から見て反時計回り（左回り）に公転している。

**4** 地球から見た惑星の視運動は，通常太陽の年周運動の向きと同じ西から東である。この運動を［Ⓓ　　　　］という。これに対して，惑星が逆向きに移動することを［Ⓔ　　　　］という。これは，地球と惑星で公転周期に違いがあり，地球が公転軌道上で惑星を追い越したり，追い越されたりしたときに見られる。また，順行と逆行の境では，惑星が天球上でとどまって見えることがあり，これを［Ⓕ　　　　］という。

**5** 惑星の太陽に対する公転はケプラーの3法則に従っている。第一法則は楕円軌道の法則，第二法則は面積速度一定の法則である。この2つの法則が1609年に発表され，次いで1619年に第三法則である［Ⓖ　　　　］が発表された。

## Point

- □ 惑星の視運動に関係するのは，惑星が内惑星か，外惑星かということと，それぞれの惑星の公転周期である。
- □ 惑星が黄道付近で見られるのは，地球と惑星の公転面がほぼ一致しているためである。

Ⓐ：同一平面上，Ⓑ：太陽，Ⓒ：天王星，Ⓓ：順行，Ⓔ：逆行，Ⓕ：留，Ⓖ：調和の法則

# 太陽系の法則

## 次の太陽系の天体に関する記述のうち，妥当なものはどれか。

平成7年度
国税専門官

**1** 金星は地球に最も近い軌道を持つ惑星であるが，~~大気はほとんどなく~~表面は~~さまざまな大きさのクレーターで覆われている~~。
➲濃い大気を持っている
➲クレーターは発見されているが，その数は少ない

**2** 衛星は惑星（母惑星）の周りを公転している天体であり，これらの多くは母惑星の公転と同じ向きに公転しているが，なかには逆向きに公転しているものもある。

**3** 惑星はその特徴によって地球型惑星と木星型惑星に分けられ，後者は前者よりも質量，半径，~~平均密度が大きい~~。
➲平均密度は地球型惑星のほうが大きい

**4** 彗星は氷とダストの塊で，太陽に近づいて熱せられると尾を生ずる。その公転周期は長いもので~~10年~~になる。
数百万年

**5** 地球の特徴は表面の約7割を覆う海洋と火山活動，造山活動であり，これらはいずれも~~ほかの惑星，衛星では見られない~~。
➲地球だけの特徴ではない

**1** 金星は地球に最も近い軌道を持つ惑星であり，[Ⓐ　　　　] (96.5%) を主成分とする濃い大気が存在する。太陽系内で大きさと [Ⓑ　　　　] が最も地球に似た惑星であり，表面にはクレーターはあるが，月などのようにクレーターで覆われているわけではない。

**2** 正しい。ほとんどの衛星は母惑星の公転と同じ向きに公転しているが，なかには逆行する衛星も見られ，[Ⓒ　　　　] の衛星トリトンは直径が 2000km 以上もある逆行衛星である。

**3** 木星型惑星の半径や質量は，地球型惑星のそれに比べて大きい。しかし，木星型惑星は岩石や氷からなる [Ⓓ　　　　] 以外は水素を主成分とする液体や気体である。したがって，鉄が主体の核と岩石質のマントルや地殻を持つ地球型惑星に比べて平均密度が小さい。

**4** 彗星は主に氷や塵などでできており，太陽に近づくと表面が蒸発し始め，蒸発したガスや塵によって一時的にできる大気が太陽からの放射圧と [Ⓔ　　　　] を受けて尾を生じる。なお，彗星の周期は，200 年を基準に短周期と長周期とに分けられているが，よく知られているハレー彗星は，約 76 年周期で地球に接近する短周期彗星である。

**5** ほかの惑星や衛星については，液体の水の存在は確認されていないが，木星の衛星 [Ⓕ　　　　] では現在も火山活動が行われていて，それが確認されている。また，レーダー観測から [Ⓖ　　　　] にも火山活動があることがわかっている。

## Point

- □ 太陽系は，恒星である太陽を中心に惑星や準惑星，小惑星，彗星，惑星の周りを公転する衛星などで構成されている。
- □ 彗星は非常に細長い楕円や放物線，双曲線の軌道をとるものが多い。また，惑星と逆向きに公転する彗星も多い。
- □ 彗星が太陽に近づいていくと，太陽から放射される熱によってその表面が蒸発し始める。蒸発したガスや塵は太陽からの放射圧と太陽風によって太陽と反対側に飛ばされ，尾を引く。

Ⓐ：二酸化炭素，Ⓑ：平均密度，Ⓒ：海王星，Ⓓ：核，Ⓔ：太陽風，Ⓕ：イオ，Ⓖ：金星

## 惑星に関する次の記述のうち，妥当なものはどれか。

平成11年度
国税専門官

**1** 火星は体積が地球の約7分の1，質量が約10分の1である。地球に比べればはるかに少量ながら大気が存在しており，その成分は二酸化炭素が大部分で~~酸素~~（窒素）や~~水蒸気~~なども少量含まれている。~~太陽に近いため，気温は非常に高温となり明るく輝いて見える~~。
➡地球よりも太陽から遠く，大気が薄いため，気温は低い

**2** 水星は，大きさ，質量とも~~地球とほぼ同じである~~。表面は月の表面とよく似ており，多数のクレーターと崖がある。これは大気や水が存在しなかったため侵食が起こらず，非常に古い地形が変化しないで残っているためである。
➡地球よりかなり小さい

**3** 木星は，太陽系の中で最大の惑星であり，地球の約300倍の質量を持ち，半径は地球の約11倍である。大部分が水素とヘリウムからできており，これらが大気層を形成するとともに，中心部に入るにつれて圧力のため気体から液体，そして固体へと変化すると考えられている。

**4** 金星は，大きさ，質量ともに地球の~~約10分1~~の小さな惑星である。表面には大気と雲があり，その成分や量は~~地球とよく似ているが~~，気圧が約90気圧もあるため，表面の気温は約~~60~~（460）℃にも達している。
➡やや小さい程度
➡大部分が二酸化炭素

**5** 土星は，地球の約100倍の質量を持ち，~~地球と同じように，大気のほとんどは窒素と酸素からできている~~。土星の周りに見える環は，~~土星周辺のガスが引力によって部分的に濃縮し~~，それらが光を反射しているものである。
➡大気は主に水素とヘリウム
➡氷の塊を主とする固形物質の集まり

難易度 ★★★　重要度 ★★★

**1** 火星の大気の成分は［Ⓐ　　　　］を持つ二酸化炭素が大部分で，窒素が少量含まれている。しかし，大気が非常に薄いことと，太陽からの距離が地球よりも大きいことなどから，温室効果は少なく気温は低い。なお，火星が最も明るく輝いて見えるのは地球に最も近づいた［Ⓑ　　　　］のときである。

**2** 水星は半径が地球の約 0.38 倍，質量が約 0.06 倍であり，かなり小さな惑星である。大気はほとんどないため，月面に見られるような［Ⓒ　　　　］が多数見られ，表面温度は昼 400℃，夜－180℃と，昼夜で大きな差がある。

**3** 正しい。木星は太陽系の 5 番目の惑星であり，最大の惑星である。ガスを主成分とする惑星（木星型惑星）で密度は 1.33g/cm$^3$ と小さい。木星にも薄い［Ⓓ　　　　］が存在し，63 個以上の衛星を持っている。衛星の 1 つイオには現在も活動している火山がある。

**4** 金星は半径や質量が地球よりやや小さい程度の惑星である。地球に最も近い軌道を公転する内惑星である。二酸化炭素を主成分とする厚い大気に覆われ，表面の様子は直接見ることはできない。夕方西の空に見られる［Ⓔ　　　　］，明け方東の空に見られる明けの明星としても知られている。

**5** 太陽系内で木星に次いで大きい惑星である。内部構造や大気の組成は木星によく似ている。大きな［Ⓕ　　　　］を持ち，その厚さは 1km, 幅は 7 万 km で, 土星本体の自転と同じ向きに運動している。衛星は 33 個以上である。

## Point

- □ 土星が「環」を持つことは知られているが，木星，天王星，海王星も薄い「環」を持つことが確認されている。
- □ 木星型惑星が持つ「環」は，惑星によって多少異なるが，小さな岩石または氷の粒の集まりである。
- □ 木星型惑星のうち，木星と土星の大気は主に水素とヘリウムであり，天王星と海王星の大気は主にメタンと水素である。

Ⓐ：温室効果，Ⓑ：衝，Ⓒ：クレーター，Ⓓ：環（リング），Ⓔ：宵の明星，Ⓕ：環（リング）

# 太陽系の惑星

## 太陽系の惑星に関する記述として，妥当なのはどれか。

平成21年度
地方上級

**1** 水星は，太陽系の中で公転周期が$\frac{1}{2}$年よりも短い唯一の惑星であり，90気圧を超える高圧な大気を有している。
➡公転周期は0.241年
➡水星には大気はほとんど存在しない。非常に薄いガスの層があるだけである

**2** 金星は，太陽系の中で平均密度が最も高い惑星であり，表面の平均温度は水星に次いで高い。
➡地球，水星，金星，火星の順
➡主な大気である二酸化炭素の温室効果により，最も高い

**3** 火星は，太陽系の中で直径が地球の直径に最も近い惑星であり，地球よりも薄い大気を有している。
➡地球の約半分である
➡二酸化炭素，窒素

**4** 木星は，太陽系の中で直径が地球の直径の10倍を超える唯一の惑星であり，太陽系の全惑星の合計質量の半分以上の質量を有している。
➡地球の約318倍である

**5** 土星は，太陽系の中で環を有する唯一の惑星であり，平均密度は1g/cm$^3$未満で水よりも密度が低い。
➡木星，天王星，海王星にも環が見られる
➡0.69g/cm$^3$である

難易度 ★★★　重要度 ★★★

**1** 水星は，太陽系の中で最も内側を公転する惑星である。つまり，最も太陽に近い惑星である。大気がほとんどないため，表面温度は太陽に面した側（表側）で 400℃に達するが，裏側では－ 180℃と低い。表面には多数の［Ⓐ　　　　　］が見られる。

**2** 金星は，明星（みょうじょう）として知られる惑星で，［Ⓑ　　　　　］に最も近い軌道を公転する惑星である。二酸化炭素と窒素を主成分とする厚い大気に覆われていて，表面の様子を直接見ることはできないが，探査機等による観測から［Ⓒ　　　　　］があることがわかっている。表面温度は約 460℃に達する。

**3** 火星は，表面が赤茶けた岩石で覆われている。大気は極めて薄く，表面温度は日中（太陽光が当たる面）は 0 ～ 10℃になるが，夜間（太陽光が当たらない面）では－ 100℃になる。火星の［Ⓓ　　　　　］側では，低温のために大気中の二酸化炭素が凍って白く見える部分があり，これを［Ⓔ　　　　　］という。

**4** 正しい。木星は，太陽系最大の惑星であるが，高速で自転しているため遠心力も大きく，表面重力は地球の約 2.4 倍程度である。太陽からの距離が大きいため，表面温度は－ 150℃と低い。大気の主成分は［Ⓕ　　　　　］，ヘリウムである。環が存在し，16 以上の衛星を持っている。

**5** 土星は木星に次いで大きな惑星であり，大気組成も木星に似ている。望遠鏡で確認できる環（岩石や氷の粒）を持つ。環は土星本体の自転の向きと同じ向きに［Ⓖ　　　　　］している。18 以上の衛星を持っている。

## Point

- ☐ 惑星のうち，環を持つのは，木星，土星，天王星，海王星の４つであり，衛星を持つのは，水星と金星以外の６つである。
- ☐ 惑星のうち，水星，金星，地球，火星は地球型惑星であり，木星，土星，天王星，海王星は木星型惑星である。
- ☐ 地球型惑星は内部に岩石質マントルを持つので密度が大きいが，木星型惑星の内部は液体水素や金属水素で密度が小さい。

Ⓐ：クレーター，Ⓑ：地球，Ⓒ：火山活動，Ⓓ：極，Ⓔ：極冠，Ⓕ：水素，Ⓖ：公転

# 太陽系の天体

## 太陽系の天体に関する次の記述のうち，妥当なものはどれか。

平成6年度
国家Ⅱ種

**1** 月は半径が地球の約~~半分~~で，水星よりも~~大きい~~。~~自転していないため~~，常に同じ面を地球に向けている。表面には多くのクレーターがあり，特に海と呼ばれる比較的暗い部分に~~多い~~。

4分の1　小さい　自転周期が公転周期と同じため　少ない

**2** 金星は，~~地球の2倍程度の~~半径を持ち，地球から観測される惑星の中で最も明るい惑星である。望遠鏡で見ると，~~極冠と呼ばれる白い模様と，運河と呼ばれる緑色の筋が確認できる。また衛星として，月とほぼ同じ大きさのフォボスとダイモスの2つがある。~~

地球よりやや小さい
➲これは火星の様子である

**3** 火星は地球のすぐ外側の軌道を回っている惑星で，大きさは~~地球とほぼ同じ~~である。大気の成分は，主に~~酸素~~と二酸化炭素で，生物生息の可能性が考えられる。また，~~いわゆるガリレオ衛星など，多く~~の衛星を従えている。

地球のほぼ半分
➲酸素は0.15%と少ない
➲火星の衛星はフォボスとダイモスの2つ

**4** 小惑星は主に木星と~~土星~~の軌道の間を公転している小天体で，現在約~~200~~個が確認されている。~~細長い軌道を持ったものが，太陽に接近すると，長い尾を持った彗星として肉眼で確認されることもある。~~

火星　20万
➲小惑星の多くは円軌道である

**5** 水星は最も内側の軌道を回る惑星である。大気がないため，昼側と夜側との表面温度の差が大きい。その表面は月と同じようにクレーターに覆われている。なお，太陽に近いため，明け方の東の空か西の空にしか見ることができない。

難易度 ★★★　重要度 ★★★

**1** 月の半径は1738km，水星の半径は2440kmである。また，月は地球から見て常に同じ面を向けているが，これは月が地球の周りを公転する向きと自転の向きが同じで，しかも，公転周期と自転周期が同じために起こる現象である。仮に月が自転していないと仮定すると，地球から見た月は，月が1回［Ⓐ　　　　］する間に右から左へ1回転したように見えるはずである。

**2** 金星の半径は地球の0.95倍であり，地球よりやや小さい程度の惑星である。厚い雲に覆われているため，表面の様子を［Ⓑ　　　　］で観測することはできない。実際の金星の表面は地球と比較するとやや起伏に乏しいとされている。

**3** 火星の半径は地球の約半分程度であり，大気の成分は95%が二酸化炭素である。ガリレオ衛星とは木星のガニメデ・［Ⓒ　　　　］・イオ・ユーロパの4つの衛星をさす。

**4** 小惑星は火星と木星の間に存在している。2008年9月の段階で，番号がつけられたものの数は192280個であるが，直径1km以下の小惑星については未発見のものがまだ数十万個あると推測されている。小惑星は円軌道を持ち，［Ⓓ　　　　］とは異なり，長い尾を引くことはなく，肉眼で確認することは困難である。

**5** 正しい。太陽系の一番内側を公転する第1惑星である。大気はほとんど存在しない。温度変化は約−180～約480℃と非常に大きい。地球より内側を公転するため，常に［Ⓔ　　　　］の方向にあり，金星と同じように地球から見て［Ⓕ　　　　］に観測することはできない。

## Point

- ☐ 月は地球に最も近い天体であり，地球から月までの距離は約38万kmである。月面上での重力は地球上の約6分の1で，大気を持たない。
- ☐ 水星は最も小さい惑星である。木星のガニメデや土星のタイタンなどの衛星より小さい。大気はほとんど存在しない。

Ⓐ：公転，Ⓑ：可視光，Ⓒ：カリスト，Ⓓ：彗星，Ⓔ：太陽，Ⓕ：真夜中

# 惑星の逆行

**毎日一定の時刻に，ある惑星の位置を観測したところ，図のような結果が得られた。この観測結果からいえることとして妥当なものはどれか。**

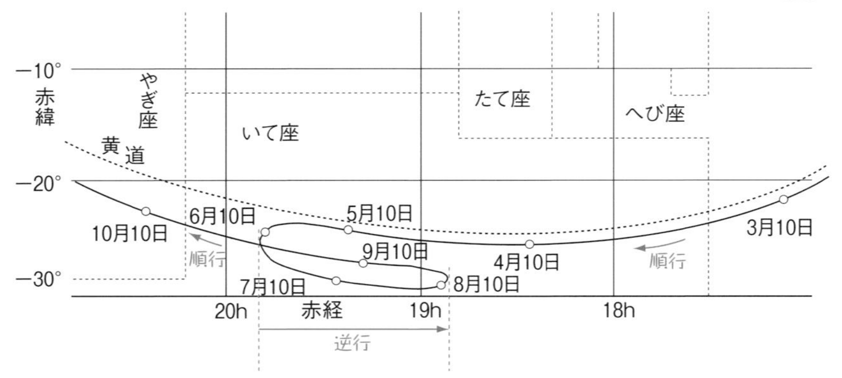


**1** 途中でこの惑星が逆行することから，この惑星と地球の公転周期が異なることがわかる。

**2** 途中でこの惑星が逆行することから，この惑星と地球の公転軌道の中心がずれていることがわかる。
➲地球も惑星も太陽を中心に公転している

**3** 軌道が黄道に沿っていることから，この惑星の軌道が地球の軌道より内側にあることがわかる。
➲すべての惑星の軌道は黄道に沿っている

**4** 軌道が黄道に沿っていることから，この惑星の自転軸と地球の自転軸がほぼ同じ方向を向いていることがわかる。
➲惑星の視運動と自転軸の方向とは関係ない

**5** 途中で輪を描くように逆行していることから，この惑星の直径が地球の直径より大きいことがわかる。
➲惑星の視運動と惑星の直径とは関係ない

難易度 ★★★ 重要度 ★★★

**1** 正しい。逆行は地球から見た惑星の［Ⓐ　　　　］であり，地球と惑星の公転周期に差があるために見られる現象である。地球が軌道上で惑星を追い越したり，惑星に追い越されたりしたときに逆行が見られる。

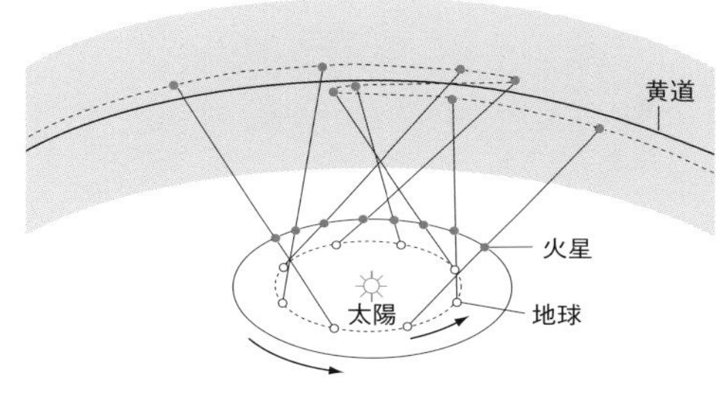


**2** すべての惑星は，［Ⓑ　　　　］を中心としたほぼ円に近い軌道を公転している。仮に，公転軌道の中心がずれていたとしても，それが逆行を起こす要因にはならない。

**3** すべての惑星は黄道付近を運行している。これは，惑星の軌道面が地球の軌道面（［Ⓒ　　　　］）とほぼ一致しているためである。図の惑星の逆行期間は［Ⓓ　　　　］か月である。内惑星では，水星が 8 ～ 15 日程度，金星は 1.5 か月弱であり，外惑星では 2 ～ 2.5 か月である。したがって，図の惑星は［Ⓔ　　　　］であると考えられる。

**4**・**5** **3**で述べたように，惑星が黄道付近に見られるのは惑星の軌道面が地球の軌道面とほぼ一致しているためで，自転軸の方向や惑星の大きさは無関係である。

□ 地球から見て惑星が太陽の方向にあるときを合，太陽と反対の方向にあるときを衝という。したがって，内惑星には合の位置が２つあり，地球―金星―太陽と並んだ場合を内合，地球―太陽―金星と並んだ場合を外合という。

□ 外惑星では，衝のときに地球に最も近づくので，一番明るく，大きく見える。また，このときに逆行が起こる。

□ 内惑星が太陽から最も離れたときに，地球からは最も高い位置に見ることができる。これを最大離角といい，水星では 18 ～ 28 度，金星では 46 ～ 47 度である。

Ⓐ：視運動，Ⓑ：太陽，Ⓒ：黄道面，Ⓓ：2，Ⓔ：外惑星

# 火　星

## 火星に関する記述として，妥当なのはどれか。

平成15年度
地方上級

**1** 火星の表面は，赤茶色の濃い大気に覆われているので，赤みがかった惑星として観測される。
➲大気の色ではなく，地表の色である

**2** 火星には，季節の変化があり，極地方には二酸化炭素などが凍ってできた極冠がある。

**3** 火星には，ガリレオ・ガリレイによって発見されたイオなど，活火山を有する衛星がある。
➲木星の衛星

**4** 火星の軌道は，地球より太陽に近いので，地球から見ると太陽からある角度以上離れられず，明け方と夕方しか見ることができない。
➲内惑星（水星や金星）の軌道に関する記述である

**5** 火星には，巨大な火山や峡谷が存在するが，水が流れていた跡は認められていない。
➲水が流れてできたような地形が認められる

難易度 ★★★　重要度 ★★★

**1** 火星の大気は希薄で，表面大気圧は地球の約 200 分の 1 である。火星が赤みがかって見えるのは，大陸と呼ばれる地域が赤みを帯びた物質（[Ⓐ　　　　　] を多く含む物質）で覆われているためである。

**2** 正しい。火星も地球と同じように，赤道面が公転軌道面に対して傾いている（25.2 度）ため，季節が存在する。冬の数か月間は極地方で夜が続き，地表は非常に低温になり、大気全体の 25% もが凝固して厚さ数 m に達するドライアイス（[Ⓑ　　　　　] の固体）の層を作る。やがて，極に再び日光が当たるようになるとドライアイスは昇華して，極地方に吹き付ける強い風が発生する。

**3** 火星の衛星は [Ⓒ　　　　　] と [Ⓓ　　　　　] の 2 つだけである。イオは木星の第 1 衛星で，地球以外で最初に活火山が観測された天体である。

**4** 火星は地球のすぐ外側を公転する惑星である。したがって，真夜中に観測できることもある。

**5** 火星には，基準面からの高度が 25000m に達する巨大な火山（オリンポス山）や，長さ 5000km 以上の大峡谷（マリーナ渓谷）が存在する。火星に実際に生命体が生存していたかどうかという疑問は解決されていないが，過去に生命に適した環境であったとする証拠は存在する。そのうちの 1 つに [Ⓔ　　　　　] の水が存在したという痕跡がある。

## Point

- □ 太陽に最も近い水星から数えて 4 番目の惑星である。地球型惑星に分類され，地球のすぐ外側の軌道を公転している。
- □ 火星の表面は主に玄武岩と安山岩からなっている。いずれも地球上ではマグマが地表近くで固まって生成する岩石（火山岩）である。

Ⓐ：酸化鉄，Ⓑ：二酸化炭素，Ⓒ：フォボス，Ⓓ：ダイモス，Ⓔ：液体

# 地球型と木星型の惑星

**太陽系の惑星を地球型惑星と木星型惑星に分けたとき，これらの型の惑星に関する次の記述のうち，妥当なものはどれか。**

平成8年度
国家Ⅰ種

**1** 木星型惑星は地球型惑星に比べて速く自転し，地球型惑星より赤道方向に膨れて扁平な形になっている。

**2** 地球型惑星には地球より大きい質量のものはないが，半径が地球よりも大きいものは~~ある~~。
ない

**3** 太陽から受ける光線を反射する率は，~~地球型惑星~~のほうが厚い大気層を持つため木星型惑星よりも大きい。
➡個々の惑星の大気の性質によって違う

**4** 木星型惑星は地球型惑星に比べて~~質量が大きいため~~，表面の重力が大きい。また，~~大気層は二酸化炭素，窒素~~などが主成分となっている。
➡表面重力は質量と半径による
➡これは地球型惑星の大気である

**5** 太陽系にある衛星の大部分は~~地球型惑星~~に属し，最も衛星が多いのは~~火星~~である。
木星型惑星
木星

難易度 ★★★ 重要度 ★★★

**1** 正しい。太陽系内で自転が最も速いのは木星型惑星の木星である。木星型惑星は地球型惑星に比べると大きく，自転周期が短い。したがって自転速度が大きくなるため［Ⓐ　　　　］によって赤道方向に膨らんだ楕円体をしていることが望遠鏡でも確認できる。また，木星型惑星は地球型惑星と異なり，核を除く部分の元素の組成は［Ⓑ　　　　］を主成分とする流体である。

**2** 地球とほかの地球型惑星を比べると，質量も赤道半径も地球が最も大きい。

**3** 太陽光の反射率（アルベルト）は，厚い大気層に覆われた金星で 0.85 と異常に大きい。木星型惑星の木星や土星は 0.6 程度と小さいが，地球は 0.4 と木星や土星よりさらに小さい。太陽光の反射率は地球型か木星型かによるのではなく，各惑星の［Ⓒ　　　　］によるものと考えられる。

**4** 地球の表面重力（赤道重力）を 1 とすると，木星は 2.37 と地球より大きいが，土星は 0.94，天王星は 0.89 と地球より小さい。これは，表面重力が惑星の質量と半径に関係するためである。また，木星型惑星の大気の主成分は水素と［Ⓓ　　　　］である。

**5** 地球型惑星は衛星の数が少ない。水星，金星は［Ⓔ　　　　］，地球は 1（月），火星は［Ⓕ　　　　］である。これに対して，木星型惑星の木星の衛星数は 63 以上，土星は 33 以上などであり，衛星数が最も多いのは木星である。

## Point

- □ 地球型惑星は半径や質量が小さく，密度が大きい惑星で，水星・金星・地球・火星が含まれる。木星型惑星は半径や質量が大きく，密度が小さい惑星で，木星・土星・天王星・海王星が含まれる。

- □ 地球型惑星は表面を覆う地殻とその下にマントル（岩石質）があり，中心部は鉄を主体とする核からなる。これに対して木星型惑星は中心部に岩石質の核を持つが，その周りは金属水素であり，さらにその周りに液体の水素やヘリウム・メタンがある。

- □ 地球型惑星の水星は重力が小さく太陽に近いため，大気はほとんどない。金星は二酸化炭素を主成分とする厚い雲に覆われ気温が高い。火星も二酸化炭素を主成分とする大気を持つが希薄である。

Ⓐ：遠心力，Ⓑ：水素，Ⓒ：大気の組成，Ⓓ：ヘリウム，Ⓔ：0，Ⓕ：2

地学060

# 太　陽

## 太陽に関する記述として，妥当なものはどれか。

**1** 太陽表面に見られる黒点は非常に強い磁場を伴っているため，内部からの対流が抑えられ，温度が周りより~~高く~~なっている。
低く

**2** 太陽活動の極大期には黒点の数がかなり増加するが，黒点の寿命は~~一般に短く，長くても数日程度である~~。
➲長いものでは１か月以上に達する

**3** 太陽活動のエネルギー源は~~ウランの核分裂~~の結果生ずる核エネルギーであり，
水素原子核の核融合
今後~~約数百億年~~の間現在の活動を続けることができると推定されている。
約36億年

**4** フレアは太陽活動が激しいときに黒点付近の太陽面で起こる一種の爆発現象であり，これに伴って放射されるＸ線や紫外線が地球の電離層に影響してデリンジャー現象を引き起こす。

**5** 太陽風は~~フレアに伴って放出された~~荷電微粒子の流れであり，１～２日で地球に到達し，磁気嵐，オーロラなどの現象を引き起こす。
➲フレアなどの爆発がなくても定常的に存在している
フレアで生じた大量の荷電粒子が

難易度 ★☆☆　重要度 ★★☆

**1** 黒点は，太陽磁場が光球面から飛び出し，それが戻る経路に発生していると考えられている。強い［Ⓐ　　　　］を伴っているため，内部からの対流が妨げられ表面温度が下がると考えられている。したがって，黒点の温度は周りより 1500 ～ 2000K 低くなり，黒い斑点として見える。

**2** 黒点は太陽の自転とともに東から西へ移動する。大きな黒点(黒点群)の中には太陽の裏側を回って再び東から見えるものがあり，その寿命は 1 か月ほどになるものもある。

**3** 太陽活動のエネルギー源は水素原子核の核融合によってヘリウムが生成される過程で発生する。ウランの核分裂による核エネルギーとすると，［Ⓑ　　　　］による地球への影響が考えられる。

**4** 正しい。黒点領域の近くで突発的に多量のエネルギーを放出し，明るくなる現象(太陽面爆発)をフレアといい，太陽活動［Ⓒ　　　　］にはフレアの発生頻度が高くなる。デリンジャー現象，地磁気嵐，［Ⓓ　　　　］などさまざまな現象を引き起こす。

**5** 太陽風は［Ⓔ　　　］などの太陽面での爆発現象がなくても定常的に存在する，荷電粒子の流れである。［Ⓔ　　　］が発生したときには，太陽から放出される荷電粒子の数と速度が増し，［Ⓔ　　　］発生後 1 ～数日後に地球の磁気圏が影響を受け，強い磁気嵐やオーロラを引き起こす。

## Point

- □ 太陽の活動の極大期には黒点の数がかなり増加する。
- □ 太陽面の周辺近くで見られる明るい部分を白斑といい，温度は周りの光球よりも約 600K 高い。実際には中央部にも存在しているが，光球と白斑の明暗の差が小さいため見えない。
- □ 高速の太陽風は，コロナホールや太陽フレアに伴って放出されていると考えられている。地球磁場に影響を与え，オーロラの発生の原因の一つとなっている。

Ⓐ：磁力線，Ⓑ：放射線，Ⓒ：極大期，Ⓓ：オーロラ，Ⓔ：フレア

# 恒　星

## 恒星に関する記述として最も妥当なのはどれか。

**1** 恒星は地球からはるか遠方にあり，地球で得られる情報は，恒星が発する~~可視光領域の電磁波に限られている~~。恒星の明るさを表す単位には等級が用いられ
➡電波なども利用される
ており，これは，肉眼で判別できる限界の明るさのものを6等級とし，明るさが~~10~~倍になるごとに1等級下げるものである。
2.5

**2** 恒星の色の違いは，表面温度が異なることによって生じる。恒星が発する光はさまざまな波長のものが混ざったものであるが，表面温度が高い恒星ほど波長の短い光を強く出している。波長が短い光は紫から青，長い光は赤であるため，表面温度が高い恒星は青白く輝いて見える。

**3** 地球が公転運動をしているため，恒星は天球上を公転~~の半分の~~周期で楕円運動
と同じ
しているように見える。その長軸の角距離を年周視差といい，地球から恒星までの距離はこれに比例するため，年周視差で恒星までの距離を表すことができる。~~年周視差［秒］を3.26で~~割った値を光年としている。
3.26を年周視差［秒］で

**4** すべての恒星は地球から遠ざかっている。遠ざかる物体が発する波は，ドップラー効果によって波長が~~短く~~なることから，恒星の観測光は本来のものより~~青色~~側にシフトしている。~~青色~~側への偏移の比率による計算から，~~恒星は一律に100km/sの後退速度を持っている~~ことがわかっている。
長く　赤色　赤色
➡赤色側への偏移が大きいほど後退速度が大きい

**5** 光の明るさは~~距離~~に反比例するので，本来は同じ明るさの恒星でも，恒星まで
距離の2乗
の距離が2倍になると，~~半分~~の明るさに見えてしまう。それを補正するため，
4分の1
~~見かけの等級から距離の対数の値を引いたものを~~絶対等級という。太陽の絶対
➡10パーセクの距離に恒星を置いたときの明るさが絶対等級である
等級は4.9等級で，~~他の恒星と比べ非常に明るい~~。
➡太陽より明るい恒星は多数ある

難易度★★★　重要度★★★

**1** 恒星の明るさを表す単位である等級は，5 等級の違いで［Ⓐ　　　　］の明るさの違いがあり，1 等級の違いは約 2.5 倍の明るさの違いに相当する。

**2** 正しい。恒星は，表面温度が高いほうから順に，O，B，A，F，G，K，M という［Ⓑ　　　　］に分けられる。O が最も表面温度が高く青色で，M が最も表面温度が低く赤色である。太陽は，G 型の恒星で，表面温度は約 6000K であり，色は黄色である。

**3** 年周視差が 1″ に相当する距離が 1［Ⓒ　　　　］であり，年周視差が $p$〔″〕の比較的近い恒星の距離について

$d$〔光年〕$= \dfrac{3.26}{p}$〔光年〕$= \dfrac{1}{p}$〔パーセク〕の関係がある。

この方法で求められる恒星までの距離は，1000 パーセク（3260 光年）程度までが限度である。

**4** 恒星のスペクトルが赤色側にずれる現象を［Ⓓ　　　　］という。遠ざかる恒星はスペクトルの波長が長くなる（ドップラー効果）ことより，恒星は地球から離れていっていることがわかった。遠くにある恒星ほどこの値が大きく，後退速度が大きい。

**5** 絶対等級は，恒星を［Ⓔ　　　　］の距離から見たときの明るさを等級で表したもので，その恒星の本来の明るさを比較するのに用いるものである。

- ☐ 恒星の色は，表面温度が高い順に青，青白，黄色，橙，赤となる。
- ☐ 遠い銀河ほど速く遠ざかっていくことを発見したのはハッブルであり，銀河の後退速度が銀河までの距離に比例することをハッブルの法則という。

Ⓐ：100 倍，Ⓑ：スペクトル型，Ⓒ：パーセク，Ⓓ：赤方偏移，Ⓔ：10 パーセク

# 恒 星

## 恒星に関する記述として最も妥当なのはどれか。

平成20年度
国税専門官

**1** 星の明るさは一般に等級で表す。（見かけの）等級は，6 等級から 1 等級までの 5 等級分の光度差が ~~1,000 倍~~（100 倍）になるように定義されている。この等級は実際に地球から見える星の明るさで，見かけの等級という。一方，星を 10 ~~光年~~（パーセク）離れた場所から見たと仮定したときの等級を絶対等級という。

**2** 恒星の中には，2 個の星が接近して見えるものがあり，二重星と呼ばれる。二重星の多くは実際に距離が近く，互いの ~~自転力~~（引力）で共通重心の周りを回っている。これを連星といい，~~自転力の大きい~~（明るい）ほうを主星，~~小さい~~（暗い）ほうを伴星という。

**3** 恒星の中には，明るさが変わるので変光星と呼ばれる星がある。変光星には，連星どうしが互いにほかの星を隠し合って変光する ~~脈動変光星~~（食変光星）と，星自身が膨張収縮を繰り返して変光する ~~食変光星~~（脈動変光星）とがある。

**4** 太陽の数倍程度以下の質量の星では，中心部からのエネルギー放出が止まると重力のほうが勝って，星全体が地球くらいの大きさまで縮み，白色わい星となる。白色わい星は，表面温度は高いが，表面積が小さいために光度は小さい。

**5** おうし座のかに星雲の中心部には，不規則に明るさの変化するパルス状の ~~可視光線~~（X 線や電波）を放つ星が見つかっている。これをパルサーという。パルサーは，爆発後に残された超新星の中心部で，周期 ~~1 秒以下~~（1 秒前後）の速い自転をしている ~~原始星~~（中性子星）である。

➡質量が太陽の約 10 倍もある恒星の最終段階
急に 1 億倍以上の明るさになる

難易度 ★★★　重要度 ★★★

**1** 見かけの等級は，全天で最も明るい恒星の一群を1等星とし，肉眼でやっと見える明るさの恒星を6等星として，その間の恒星を2等～5等の4階級に分けた。1等星は6等星の100倍の明るさなので，1等級減るごとに明るさは［Ⓐ　　　　］倍になる。これに対して絶対等級は，恒星を10パーセク（約32.6光年）の距離に置いたときの明るさである。

**2** 二重星の多くは［Ⓑ　　　　］であり，2つの恒星が互いの引力で引き合い，その共通重心の周りを回っている。2つの星のうち，明るく見える星を主星，暗く見える星を伴星という。

**3** 連星のうち，一方の星が他方の星を隠す食現象が起きて明るさが変化するような連星を食変光星という。これに対して，恒星の［Ⓒ　　　　］の途中で脈動的に膨張と収縮を繰り返し，明るさが変化するものを脈動変光星（単に変光星）という。

**4** 正しい。太陽の数倍程度以下の質量の星は，やがて巨星となり，さらに白色わい星となる。また，質量が太陽の10倍程度の星は，赤色巨星を経て中性子星になり，質量が太陽の30倍以上の星は，赤色巨星を経て超新星爆発後に［Ⓓ　　　　］をつくる。

**5** かに星雲の中心星は，毎秒30回の規則正しいパルス状のX線や電波を放出している。これは，強い磁場を持つ［Ⓔ　　　　］が高速で自転しているためである。その自転周期は0.03秒～数秒という超高速の回転である。原始星とは，誕生初期の恒星のことである。

## Point

☐ 中性子星よりも質量が大きいと，超新星爆発した後，強い重力を支えきれずに収縮を続ける。すると，光さえも抜け出せない時空の領域ができる。これをブラックホールという。巨大なガス雲の収縮でも生成する。

☐ ブラックホールは直接見ることはできないが，ブラックホールに落ち込むガスが放つX線から存在を確認できる。ブラックホールの境界は，事象の地平面と呼ばれる。

Ⓐ：2.5，Ⓑ：連星，Ⓒ：進化，Ⓓ：ブラックホール，Ⓔ：中性子星

地学063

# HR図

## 恒星およびHR図（ヘルツスプルング・ラッセル図）に関する次の記述のうち，妥当なものはどれか。

平成13年度 市役所

**1** 赤色巨星は表面温度が~~高く~~明るい星であり，HR図では~~右下~~に位置する。
低く　右上

**2** 白色わい星は表面温度が高いにもかかわらず非常に暗い星で，HR図では左下に位置している。

**3** 太陽はHR図上では~~赤色巨星~~に属する。
主系列星

**4** 主系列星はHR図で~~左下から右上~~にかけて分布している。
右下から左上

**5** 主系列星には質量・光度の関係があり，~~光度は質量に比例~~する。
➲絶対等級は質量の約3～4乗に比例

HR 図は次のようになっている。

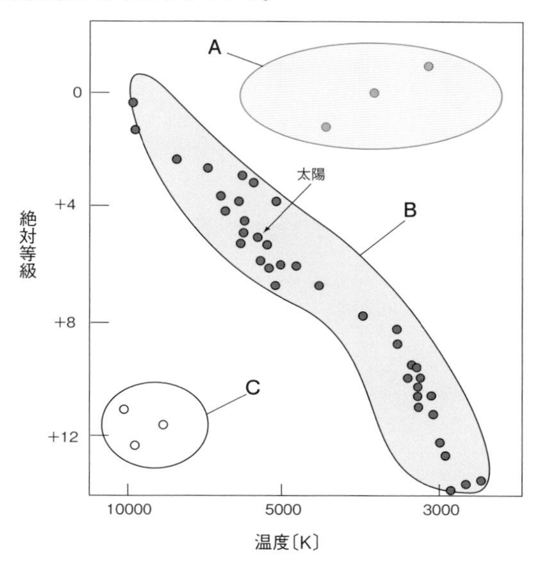


**1** 赤色巨星は表面温度が低いために赤色に見えるが，星が大きいため明るく見える。上の図では［Ⓐ　　　　　］の位置にある星である。

**2** 正しい。白色わい星は表面温度が非常に高いが，小さいために暗く見える。上の図では［Ⓑ　　　　　］の位置にある星である。

**3**・**4**　太陽は，上の図の B に位置するが，B は［Ⓒ　　　　　］であり，右下から左上にかけて分布する。

**5** 主系列星の絶対等級は質量の約 3 ～ 4 乗に比例していて，これを質量光度関係という。これによって絶対等級がわかれば，その星の質量が予測できることになる。

□ HR 図はヘルツスプルング・ラッセル図の略で，E. ヘルツスプルングと H.N. ラッセルによって考案された図である。この図は星のスペクトル型と明るさの関係，主系列星～赤色巨星までの星の進化を知るうえで重要な図である。

Ⓐ：A，Ⓑ：C，Ⓒ：主系列星

# 宇宙

## 宇宙に関する記述として，妥当なのはどれか。

平成22年度
地方上級

**1** 宇宙は約140億年前に超高温・超高密度の火の玉から出発したとされ，この始まりを~~ハッブルの宇宙~~ビッグバンと呼ぶ。

**2** 横軸にスペクトル型，縦軸に絶対等級をとったＨＲ図では，恒星は，主系列星，赤色巨星，白色わい星などに分類され，太陽は主系列星に属する。

**3** 主系列星としての寿命は，質量が小さな恒星ほど~~短く~~長く，質量が大きい恒星は核融合反応の進行速度が~~遅い~~速いため，寿命が~~長く~~短くなる。

**4** 主系列星の中で，質量の小さい恒星は，中心部からエネルギーの放出が止まると収縮して~~ブラックホール~~白色わい星となる。

**5** 主系列星の中で質量の大きい恒星は，全体として膨張し，表面温度が~~上がり~~下がるが，表面積が大きくなるので光度が増し，表面温度が~~高い~~低い赤色巨星となる。

難易度 ★★★　重要度 ★★★

**1** 現在の宇宙の膨張を過去にさかのぼっていくと，ある時点で1点に収縮する。つまり，宇宙はある時点から膨張を開始し，現在に至っていると考えられる。宇宙の初期は，高温・高密度の小さな火の玉で，約138億年前に大爆発を起こし，膨張を始めたと考えられ，これを［Ⓐ　　　　］という。

**2** 正しい。HR図では，右下から左上にかけて［Ⓑ　　　　］が，右上に赤色巨星（赤色超巨星）が，左下に［Ⓒ　　　　］が位置する。太陽は絶対等級が約5等級，スペクトル型がG型の恒星で主系列星に属する。

**3** 恒星が主系列上に位置する時間の長さは，恒星の質量によって決まる。質量が大きい星ほど［Ⓓ　　　　］が激しく進行するので，水素の減少が早く，主系列上に位置する時間が短い。つまり質量の大きいスペクトル型がO型やB型のような主系列星は寿命が短い。

**4** ブラックホールは，質量の大きい恒星（太陽の40倍以上）が［Ⓔ　　　　］した後，自己の重力によって極限まで収縮することによって生成したり，巨大なガス雲が収縮することで生成されたりすると考えられている。ブラックホールでは，自己の重力により光も外に出さない。

**5** 質量の大きい主系列星では，進化の最終段階に近づくと急速に膨張して赤色巨星または赤色超巨星となる。つまり，表面温度は下がるが，［Ⓕ　　　　］が大きくなるので光度は増し，明るい赤い星として観測される。

## Point

- □ 質量が太陽の0.5倍程度の小さな恒星の場合，途中で核融合反応が止まり，収縮して白色わい星（温度は比較的高い）となり，次第に冷えて光らなくなる。
- □ ブラックホールは，天体の一つであるが，光などが出てくることはないので，直接観測することはできない。その周りの天体の動きや光の様子から存在を確認することができる。

Ⓐ：ビッグバン（ビッグバンモデル），Ⓑ：主系列星，Ⓒ：白色わい星，Ⓓ：核融合反応，Ⓔ：超新星爆発，Ⓕ：表面積

# 天文学の研究者

## 天文学に関連する人物とその業績に関する記述として最も妥当なのはどれか。

平成23年度
国税専門官

**1** ガリレオは，従来の天動説に代わって，初めて地動説を唱えた。これは，地球は自転しながら太陽の周りを公転し，太陽も銀河系の天体の一つに過ぎないというものである。さらに，天動説では説明が難しかった日食や月食の起こる仕組みも，地動説で簡単に説明できるとした。

➡初めてではない
➡イマヌエル・カントによるもの

**2** フーコーは，地球の公転により，地表面を水平に移動する物体には慣性の力が働くことを発見し，これをコリオリの力（転向力）と名付けた。台風が北半球では時計回りに渦を巻くのはこの力による。木星の大赤斑と呼ばれる大気の渦でもコリオリの力は見られる。

自転
反時計回り

**3** ケプラーは，天体の観測資料をもとに，「惑星は太陽を一つの焦点とする楕円軌道を描く」など太陽系のすべての惑星に当てはまる３つの法則を発見した。この法則は，惑星だけでなく，太陽の周りを公転するすべての天体について成り立つ。

➡第一法則（楕円軌道の法則）

**4** ニュートンは，月や惑星の動きから万有引力の法則を発見し，宇宙のすべての物体に働く引力は，２物体の距離に比例し，２物体の質量の積に反比例することを示した。しかし，地球上では，物体にかかる地球の遠心力が大きいので，２つの物体間の引力の影響は打ち消されている。

距離の２乗に反比例
比例
➡遠心力は引力の 1/300 程度で引力の影響が打ち消されることはない

**5** アインシュタインは，一般相対性理論を用いて，恒星の一生に関し，ビッグバンで誕生し，ブラックホールで最期を迎えるというモデルを作成した。また，ブラックホールは光を吸い込むがＸ線は反射するので，Ｘ線を使って観測ができると説明した。

➡起点はアインシュタインの一般相対性理論であるが，このモデルに至るまでは多くの科学者が関与している
➡反射はされない

難易度★★☆ 重要度★★☆

**1** ガリレオは，天文学者としては望遠鏡を最も早くから取り入れた一人である。ガリレオは木星の4つの大きな衛星を発見し，この4つの衛星をまとめて［Ⓐ　　　　］と呼んでいる。

**2** フーコーは，1851年に振り子の振動実験を行い，振り子の振動面を上から見ると［Ⓑ　　　　］に変化していくことを確かめた。時計回りに変化するのは北半球であり，南半球では反時計回りに変化し，赤道上では変化しない。これは，地球の自転で生じる見かけの力が働くためと考えた。この見かけの力を［Ⓒ　　　　］という。

**3** 正しい。ケプラーは，師（ティコ・ブラーエ）の死後，観測資料の整理を続け，惑星が楕円軌道を運行することに気づき，惑星の運動を3つの法則にまとめた。

○第一法則…楕円軌道の法則
○第二法則…［Ⓓ　　　　］の法則
○第三法則…調和の法則

**4** ニュートンは，自然哲学者，数学者，神学者であるが，ニュートン力学を確立し，1665年には物が落ちるという現象と，太陽系の惑星の運行が，同じ力に由来することを発見し，その力を［Ⓔ　　　　］と名付けた。

**5** アインシュタインの一般相対性理論がブラックホール理論の先駆けにはなっているが，アインシュタインが恒星の進化モデルを作ったわけではない。［Ⓕ　　　　］は宇宙誕生時に起こったとされる大爆発をさしており，また恒星は必ずしも最期にブラックホールになるわけではない。

## Point

□ 近代を代表する天文学者の一人にハッブルが挙げられる。銀河からの光が宇宙膨張に伴って赤方偏移していることを発見した。現代の宇宙論の基礎を築いた人物である。

□ アインシュタインは，特殊相対性理論および一般相対性理論，相対性宇宙論など多数の発見を行い，20世紀最大の理論物理学者であるといわれている。光量子仮説に基づく光電効果の理論的解明によって1921年のノーベル物理学賞を受賞した。

Ⓐ：ガリレオ衛星，Ⓑ：時計回り，Ⓒ：コリオリの力（転向力），Ⓓ：面積速度一定，Ⓔ：万有引力，Ⓕ：ビッグバン

# 地球の運動

## 地球の運動に関する次の記述のうち，正しいものはどれか。

平成9年度
警察官

**1** フーコーの振り子の回転は，北極点でも南極点でも同じ向きに回る。
➲北極点と南極点で逆になる

**2** 火星が近づいたり，離れていくように見えるのは地球の公転による。

**3** 地球の自転によって北半球では風は進行方向に対して左向きに曲がる。
右にそれて見える

**4** 年周視差と転向力は地球の公転によるものである。
➲地球の自転によるものである

**5** フーコーの振り子はどこで見ても同じ速度で回転する。
➲緯度によって回転の速度が変わる

難易度 ★☆☆　重要度 ★★☆

**1** フーコーの振り子の振動面の回転は，北極点では［Ⓐ　　　　］に回転するが，南極点では［Ⓑ　　　　］に回転し，赤道上では回転しない。振り子の振動面の変化は地球の自転で生じる見かけの力である［Ⓒ　　　　］が働くためと考えられる。

**2** 正しい。地球も火星も惑星であり，太陽の周りを公転しているが，［Ⓓ　　　　］に差があるため，地球は火星を追い越すことになる。その結果，地球が火星を追い越す前は近づいてくるように見え，追い越した後は離れていくように見える。

**3** ［Ⓔ　　　　］は，北半球では物体の進行方向に対し直角右向きに働き，南半球では左向きに働く。しかし，これはあくまでも見かけの力であり，地球の自転に対して風に慣性が働くためである。

**4** 恒星から見たときの２地点の角度を視差というが，地球の公転によって生じる視差を［Ⓕ　　　　］という。これに対して転向力（コリオリの力）は地球の自転によって生じるものである。

**5** フーコーの振り子の振動面の回転は，極点で１日１回転であるが，緯度が低くなるほど速度は減少し，赤道上では回転しない。これは，転向力が高緯度ほど大きく，赤道上では0になるからである。また，転向力は［Ⓖ　　　　］が大きいほど大きくなる。

## Point

- □ 風は気圧の差によって生じる。単位質量の空気塊に働く力を気圧傾度力というが，気圧傾度力は等圧線に対して直角に働く。これに対して転向力が働くため，風は北半球では風が吹く方向に対して直角ではなく右にそれて見える。
- □ 風向は気圧傾度力と転向力および大気と地表の摩擦力で決まるが，風は常に空気塊に働く力がつり合うように吹く。
- □ 年周視差とは，地球の公転によって，天体（恒星）の天球上の位置が公転周期と同じ周期で変化して見える現象のことである。

Ⓐ：時計回り，Ⓑ：反時計回り，Ⓒ：転向力（コリオリの力），Ⓓ：公転周期，Ⓔ：転向力，Ⓕ：年周視差，Ⓖ：速度

# 地球の公転

## 次のうち，地球の公転によって生じる現象はどれか。

**1** 日本などにおける四季があること

**2** ~~太陽の黒点の位置が変わること~~
➲太陽の自転による現象

**3** ~~月の満ち欠け~~があること
➲月の公転による現象

**4** ~~太陽が西へ沈むこと~~
➲地球の自転によるものである

**5** フーコーの振り子の~~振動面が回転すること~~
➲地球の自転によるものである

難易度 ★☆☆ 重要度 ★★☆

**1** 正しい。地球は，地軸を公転面に立てた垂線に対して，[Ⓐ　　　　] 度傾けたまま公転している。このため，日本では地軸の北極側が太陽の方向を向いているときの季節は [Ⓑ　　　　]，太陽の方向と逆の方向を向いているときの季節は [Ⓒ　　　　] になる。

**2** 太陽の黒点を観測すると，東から西へ移動していることがわかる。これは，太陽が自転しているためである。黒点の平均寿命は 10 日前後であるが，大きな黒点では 1 〜 2 か月に達するものもある。

**3** 月の満ち欠けは月が地球の回りを公転していることによって見られる現象である。太陽－月－地球と並んだときには [Ⓓ　　　　] となり，太陽－地球－月と並んだときは [Ⓔ　　　　] となる。

**4** 太陽が東から出て西に沈むのは地球が自転していることによって見られる現象である。地球は [Ⓕ　　　　] を軸に自転しながら太陽の回りを公転している。

**5** フーコーの振り子の振動面が回転するのは，地球の自転によって生じる転向力（コリオリの力）によるものであり，高緯度ほど一定時間に振動面の回転する角度が大きくなり，赤道上では回転しない。また，転向力が働く向きは振り子の進行方向に対して北半球で [Ⓖ　　　　] にそれ，南半球では [Ⓗ　　　　] にそれる。

## Point

- □ 地球の公転によって生じる現象の第一は季節の変化であるが，このとき地軸の傾きがなければ季節の変化は起きない。地軸の傾きは公転面に対して 66.6 度，公転面に立てた垂線に対して 23.4 度である。
- □ フーコーの振り子の振動面の変化は，転向力の働きによるもので，見かけの運動である。北極点の上空から見ると地球は左回りに自転しているため，地上で見ると振り子の振動面が右回りに回転しているように見えるのである。
- □ 地球は太陽の周囲を公転しているので，太陽とは逆の空に見ることができる星座が季節ごとに異なる。占星術に使われる 12 星座は，全 88 星座のうち天球上の太陽の通り道である黄道上にある星座を抜き出したもので，誕生日に太陽が重なって見える位置にある星座がこれに指定される。

Ⓐ：23.4 度，Ⓑ：夏，Ⓒ：冬，Ⓓ：新月，Ⓔ：満月，Ⓕ：地軸，Ⓖ：右，Ⓗ：左

# 地球の自転と公転

## 地球の自転および公転に関する次の記述のうち，妥当なものはどれか。

**1** 地球の自転の証拠としてフーコーの振り子を使った実験が挙げられる。これは，地面に対して振動面が回転しているように見える現象で，~~両極~~（赤道）付近よりも~~赤道~~（両極）付近で顕著である。

**2** 地球の公転により太陽は黄道上を移動するように見えるが，その黄道と天の赤道が交わる２つの点は，それぞれ~~夏至点および冬至点~~（春分点と秋分点）である。

**3** 地球上から月の裏側を直接見ることができないのは，~~地球の自転周期が月の自転周期と等しいため~~である。
➡月の公転周期と自転周期が等しいため

**4** 地球から見た恒星の見かけの位置のずれは，地球が公転していることにより，地球からその恒星までの距離が~~遠いほど~~（近いほど）大きくなる。

**5** 地球上の物体に働く重力は，地球と地球上の物体との間に働く万有引力と，地球の自転により発生する遠心力の和であり，両極付近に比べ赤道付近のほうが小さい。

**1** フーコーの振り子の振動面が回転して見えるのは，地球の自転によって生じる見かけの力によるもので，これを［Ⓐ　　　　］という。転向力の大きさは高緯度ほど大きく，赤道上では0になる。

**2** 太陽は地球の公転により黄道上を移動するが，天の赤道を南から北に横切る点が［Ⓑ　　　　］点であり，その後最も北寄りに移動した点が［Ⓒ　　　　］点である。また，天の赤道を北から南に横切る点が［Ⓓ　　　　］点であり，その後最も南寄りに移動した点が［Ⓔ　　　　］点である。

**3** 月の自転周期と公転周期は等しい。このため，地球の周りを1回公転する間に月自身も1回自転するため，常に［Ⓕ　　　　］を地球に向けていることになる。

**4** 地球から恒星までの距離は非常に大きいため，地球の公転による位置の変化はほとんどない。地球から見た恒星の見かけの位置のずれは地球の公転による年周視差で求める。しかし，年周視差によるずれも遠い恒星ではほとんど確認できない。最も地球に近い太陽以外の恒星であるケンタウルス座の$\alpha$星でも0.74″（1度の60分の1のさらに60分の1が1″）と大変小さい。

**5** 正しい。地球上の物体には，地球の中心に向かう［Ⓖ　　　　］と，地球の自転による［Ⓗ　　　　］が働く。遠心力は回転する物体に見られる見かけの力で，回転軸に対して直角で外向きに働く。この遠心力と引力の合力が重力である。

## Point

□ 太陽の天球上の通り道を黄道といい，黄道付近に見られる星座は1年を周期に変化する。この現象は地球が太陽の周りを公転しているために起こる現象である。

□ 地球の重心に向かう引力と遠心力の合力が重力であるから，重力の向きは場所によっては地球の重心に向かう力ではないことになる。しかし，遠心力の大きさは最大になる赤道上で引力の300分の1にすぎないため，重力の向きはほぼ地球の重心に向かうと考えてよい。

Ⓐ：転向力（コリオリの力），Ⓑ：春分，Ⓒ：夏至，Ⓓ：秋分，Ⓔ：冬至，Ⓕ：同じ面，Ⓖ：引力，Ⓗ：遠心力

地学069

# 月から見た地球

## 月から見た地球に関する記述のうち，正しいものはどれか。

平成10年度
警察官

**1** 月が満ち欠けする１朔望月の間に１回，地球の満ち欠けが見られる。

**2** 地球から見た月の~~半分~~の大きさに見える。
3.7倍

**3** 地球は~~同じ表面をいつも~~月に向けている。
自転によって違う表面を

**4** ~~天球上を１日１回，西から東へ移動するのが見られる。~~
➡いつも同じ位置に見える

**5** ~~地表面は月面と同じように一面砂漠のような状態に見える。~~
➡地球には海や雲がある

**1** 正しい。地球から見て，月の新月から次の新月までの間（1朔望月(さくぼうづき)）に，月から見た地球も同様に満ち欠けする。地球から見た月が［Ⓐ　　　　］のとき，月から見た地球は全面に太陽の光が当たって輝く姿が見られ，地球から見た月が［Ⓑ　　　　］のとき，月から見た地球は全面が暗くなる。

**2** 地球の半径は月の半径の約3.7倍である。地球と月の距離はどちらから見ても変わらないので，月から見た地球の大きさは地球から見た月の大きさの3.7倍の大きさに見える。

**3** 地球から見た月がいつも同じ面を見せているのは，月の公転と自転の向きと周期が同じためである。月から見た地球の表面は地球の［Ⓒ　　　　］によって変わるので，地球が月に向けている面は変化する。

**4** **3**で述べたように，月の自転周期と公転周期が同じため，月から見た地球はいつも同じ位置に見える。

**5** 地球の表面は，［Ⓓ　　　　］%が海で覆われ，大気の層に包まれ，雲が発生している。海は青く，雲は白く見え，月面とはまったく違う様子を見せる。

## Point

- □ 地球は惑星であり，太陽の光を受けて輝いている。月などの宇宙空間から地球を見ると，太陽の光を受けている面だけが輝くため，地球から見た月のように満ち欠けして見える。
- □ 月の場合，地球の周りを回る公転周期と自転周期の比は1：1（尽数関係）になっている。地球と月のこのような関係は潮汐力によって保たれていると考えられている。
- □ 宇宙から地球を見ると，大陸，海，雲がはっきり確認できる。また，地球の縁には薄い大気の層を確認することができる。

Ⓐ：新月，Ⓑ：満月，Ⓒ：自転，Ⓓ：70

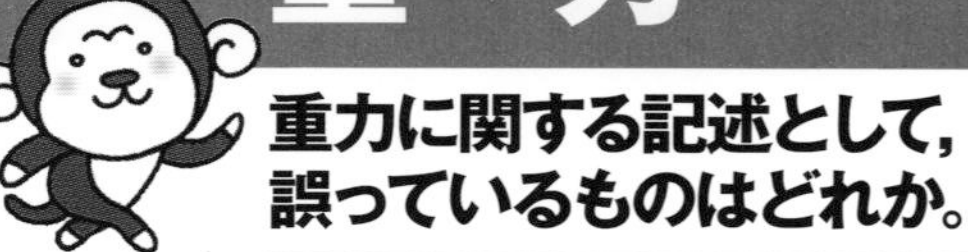

# 重　力

## 重力に関する記述として，誤っているものはどれか。

**1** 地球上の物体に働く地球の引力（万有引力）は，地球の重心（ほぼ中心）に向かう力である。

**2** 地球上の物体には，地球の自転によって地球の自転軸に直角外向きの遠心力が働く。

**3** 重力は~~赤道~~（極）で最大になり，~~極~~（赤道）で最小となる。

**4** 重力の向きは鉛直線の方向であり，これと直角な面が水平面である。

**5** 重力は，地球上の物体に働く地球の引力と遠心力との合力である。

難易度 ★★★ 重要度 ★★★

**1** すべての物体間には，引力（[Ⓐ　　　　] ともいう）が働いている。引力は2つの物体間で互いの物体の重心に向かって働く力であり，地球上の物体にも地球の引力が働いている。

**2** 地球は自転をしている。このため，回転軸に垂直に外向きの力が働く。これを遠心力といい，地球上にある物体にも遠心力が働く。遠心力は極点で [Ⓑ　　　　] になり，赤道上で [Ⓒ　　　　] となる。

**3** 誤りなのでこれが正答となる。引力と遠心力の [Ⓓ　　　　] が地球上の物体に働く重力である。**2**で述べたように，遠心力は極点で0になり，赤道で最大になるから，極点での重力は [Ⓔ　　　　] と等しくなり，赤道上では（引力－遠心力）が重力となる。したがって，重力は [Ⓕ　　　　] で最大になり，[Ⓖ　　　　] で最小になる。

**4** 重力の方向を [Ⓗ　　　　] の方向といい，これと垂直な面が水平面である。重力は遠心力を考慮すれば，赤道と極点以外では鉛直線の方向からずれるが，遠心力は引力に比べて無視できるほど小さいので，ほぼ鉛直線の方向と考えてよい。

**5** **3**で述べたように，重力は引力と遠心力の合力が地球上の物体に働く力である。

## Point

- □ 重力は，厳密にいうとある物体が地球全体から受ける引力と地球の自転による遠心力の合力であるが，遠心力は引力と比べて極めて小さいため，一般的にはこれを無視し，引力＝重力としている。
- □ 物体に働く重力 $W$ は，物体の質量 $m$ に比例する。これを式で表すと，次のようになる。
  $W=mg$（$g$ は比例定数で重力加速度といい，ほぼ $9.8\mathrm{m/s^2}$ である。）
- □ 遠心力は，回転運動をする物体において観測される慣性力の一種である。回転の中心から見て外側へと向かう力で，見かけの力である。

Ⓐ：万有引力，Ⓑ：0，Ⓒ：最大，Ⓓ：合力，Ⓔ：引力，Ⓕ：極点，Ⓖ：赤道上，Ⓗ：鉛直線

地学071

# アイソスタシー

**下図は地球の大陸と海洋を機械的に見たものであるが，アイソスタシーの考え方からA～Dの重力の大きさについて正しくいえるものはどれか。ただし大陸の密度は均一で安定しているものとする。**

平成5年度
市役所・改

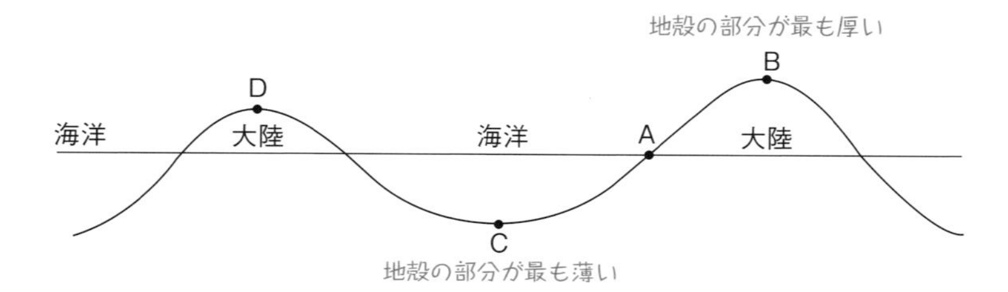


**1** A点の重力とC点の重力は~~同一である~~。
➲Aのほうが小さい

**2** D点の重力はA点の重力より~~大きい~~。
小さい

**3** B点の重力とC点の重力は~~同一である~~。
➲Bのほうが小さい

**4** C点の重力はD点の重力より大きい。

**5** D点の重力はB点の重力より~~小さい~~。
大きい

# 解説

難易度 ★☆☆ 重要度 ★★☆

アイソスタシーの考え方によれば，大陸の部分では，高度が高いほど地下の深くまで［Ⓐ　　　　］の小さい地殻が存在することになる。

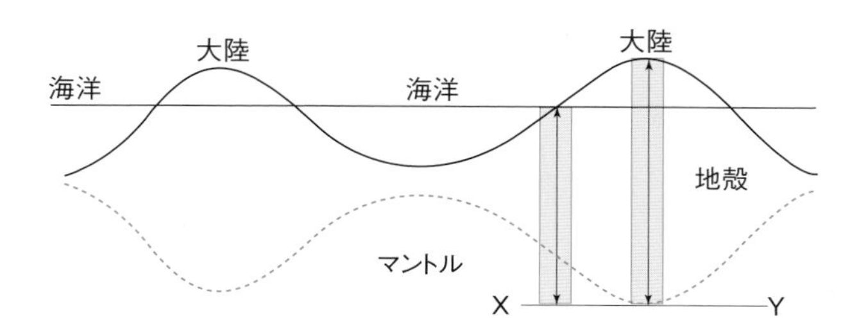


上の図で，X―Y 面よりも上に載っている質量は，どこでも同じであり，X―Y 面にかかる［Ⓑ　　　　］はどこも等しくなる。つまり，水に浮く氷の姿に似ていて，密度の小さい地殻が密度の大きい［Ⓒ　　　　］の上に載っている形で，全体として圧力の均衡がとれていると考えることができる。

一方，重力は，地下に［Ⓓ　　　　］の物質が多ければ大きくなり，［Ⓔ　　　　］の物質が多ければ小さくなる。

このことから，下が地殻のみの **B** の重力が最も小さく，次いで **D**，**A** の順となり，**C** が最も重力が大きくなる。

よって，**4** が正しい。

## Point

- □ 地殻の厚さは場所によって異なり，大陸の山岳部で 30 ～ 50km，大陸周辺部でも 20 ～ 30km と厚くなっているが，海洋底では 5 ～ 10km と薄くなっている。
- □ 液体（水）に固体（氷）が浮くのは，鉛直上向きの力（浮力）が固体に働き，鉛直下向きに働く重力とつり合うからである。固体である地殻に対して，マントルは非常に長い時間にわたって働く力に対しては，流動する性質があり，液体と同じ働きをする。
- □ 普通の大陸地域に比べて山岳地域では地殻が厚いのに対して，海洋地域では逆に薄いということは，地震波の計測などによって明らかにされ，アイソスタシーの考え方が定着した。

Ⓐ：密度，Ⓑ：圧力，Ⓒ：マントル，Ⓓ：高密度，Ⓔ：低密度

# 地球内部の地震波の伝わり方

## 地震波の伝わり方に関する以下の問題に答えよ。

平成15年度 警察官

次の図に示したように，地球上で地震が発生すると地震波（P 波）は地球内部を通って地球上の別の地点で観測される。ところが，P 波が観測されない「地震波の影」と呼ばれる部分が存在することが知られている。「地震波の影」が現れる理由として，妥当なものは次のうちどれか。

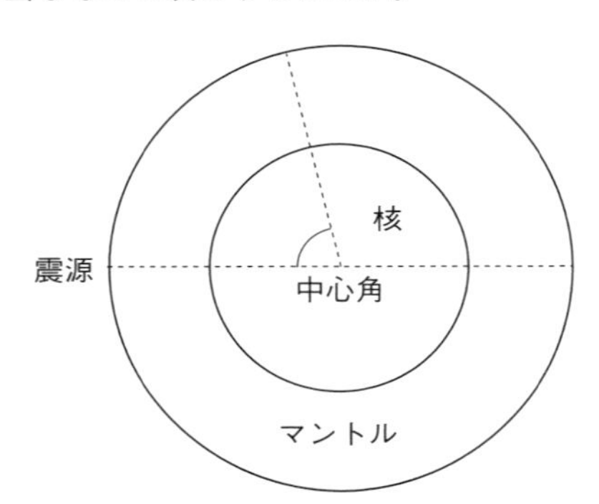


**1** マントルの一部にP 波が伝わらないところがあるため，中心角 104° ～ 142° の範囲にはP 波が到達しないから。
➡P 波はマントル，核のすべてに伝わる

**2** 核の一部にP 波が伝わらないところがあるため，中心角 104° ～ 142° の範囲にはP 波が到達しないから。
➡P 波はマントル，核のすべてに伝わる

**3** 核にはまったくP 波が伝わらないため，中心角 104° 以降にはP 波が到達しないから。
➡P 波はマントル，核のすべてに伝わる

**4** マントルと核の境界面でP 波が屈折するため，中心角 104° ～ 142° の範囲にはP 波が到達しないから。

**5** マントルと核の境界面でP 波が反射するため，中心角 104° 以降にはP 波が到達しないから。
➡屈折によるものである

難易度 ★☆☆ 重要度 ★★☆

**1**・**2**・**3** 遠地地震の走時曲線を調べると，地球の中心付近までの構造を調べることができる。P 波は［Ⓐ　　　　］であり，S 波は［Ⓑ　　　　］である。角距離が 100 度を超えたあたりで S 波の走時曲線は途切れ，再び現れることはない。また，P 波は角距離が 100 度を越えたあたりで途切れるが，140 度を越えたあたりで再び現れる。このことから，地球内部には不連続な面があり，その面を境に固体と液体に分かれていると考えることができる。つまり，横波である S 波は［Ⓒ　　　　］を伝わらないので途切れてしまい，縦波である P 波は下向きに曲げられると考えると説明がつく。この不連続な面の深さは約 2900km で，ここまでをマントルといい，ここより深い部分を核という。

**4** 正しい。P 波はマントルと核の境界で下向きに屈折する。これは，境界を通過する際に核内部での P 波の速度が［Ⓓ　　　　］ために，地球の中心のほうに屈折するためで，角距離が 104 〜 142 度の範囲は P 波が到達しない核の影となる地帯となる。

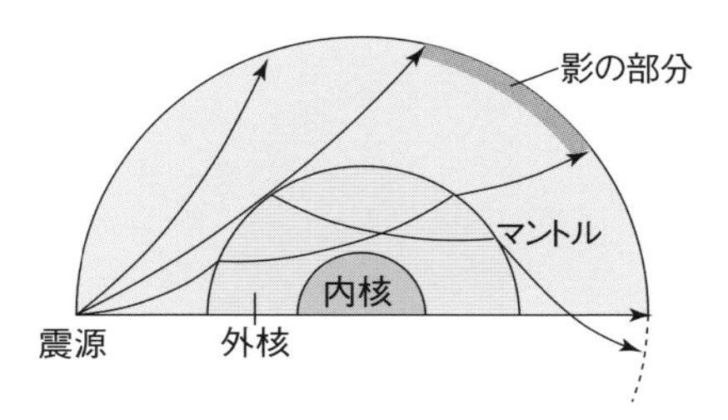


**5** P 波が核で反射すると仮定すると，P 波が届かなくなる核の影となる部分はもっと［Ⓔ　　　　］なる。

## Point

- ☐ 震央からの距離が 1000km を越える遠地地震では，震央距離として震央と観測点がつくる中心角を用いて表す。これを角距離という。
- ☐ マントルと核の間にある不連続面をグーテンベルク不連続面という。
- ☐ 核の内部で，P 波の速度が急に速くなる不連続面がある。その深さは約 5100km で，P 波が速くなるのは，液体から固体に入ったためである。この不連続な面を境に，液体部分を外核，固体部分を内核という。

Ⓐ：縦波，Ⓑ：横波，Ⓒ：液体，Ⓓ：遅い，Ⓔ：広く

地学073

# 地球の内部構造

## 地球の内部構造に関する記述として，最も妥当なのはどれか。

**1** 地殻の厚さは大陸と海洋では大きく異なる。大陸地殻の厚さは~~5～10km~~ 30～50km と比較的~~薄く~~ 厚くなっているが，海洋地殻の厚さは~~30～60km~~ 5～10km となっている。

**2** 大陸地殻は，玄武岩質の岩石からなる~~上部~~ 下部地殻と，花こう岩質の岩石からなる~~下部~~ 上部地殻に分かれ，海洋地殻はほとんどが~~花こう岩質~~ 玄武岩質の岩石からできている。

**3** 地殻の下部には，地殻より密度が~~小さい~~ 大きい岩石でできたマントルがある。

**4** 地球の中心部に近い核とマントルとの境界は，~~モホロビチッチ不連続面~~ グーテンベルク不連続面と呼ばれる。

**5** 核は，深さ 5,100km で外核と内核とに分けられ，外核は液体，内核は固体である。

# 解説

難易度 ★★★ 重要度 ★★★

**1** 海洋地殻は，マントルの減圧溶解により生成されるマグマから形成される。減圧溶解とは，マントルが圧力の高い内部から圧力の低い地表近くまで持ち上げられたことで一部が融ける現象である。
海洋地殻は玄武岩質の岩石でできており，大陸地殻に比較して薄い。

**2** 大陸地殻は二層構造を示す場合があり，上部地殻（花こう岩質の岩石）は下部地殻（玄武岩質の岩石）よりも［Ⓐ　　　］が比較的小さい。この境界を［Ⓑ　　　］と呼ぶ。

**3** 大陸地殻の平均密度は $2.7g/cm^3$，マントルの平均密度は $3.3g/cm^3$ であるとされており，地殻は水に浮く氷のようにマントルの上に浮いている形だと考えられる。マントルは主にカンラン岩質の岩石でできている。

**4** 地殻とマントルの境界を［Ⓒ　　　］と呼び，核とマントルの境界はその名のとおり核―マントル境界（CMB：コア―マントル・バウンダリー）あるいは［Ⓓ　　　］と呼ぶ。モホ面の深さは地殻の性質により異なる。CMBの深さはおよそ2900kmにある。

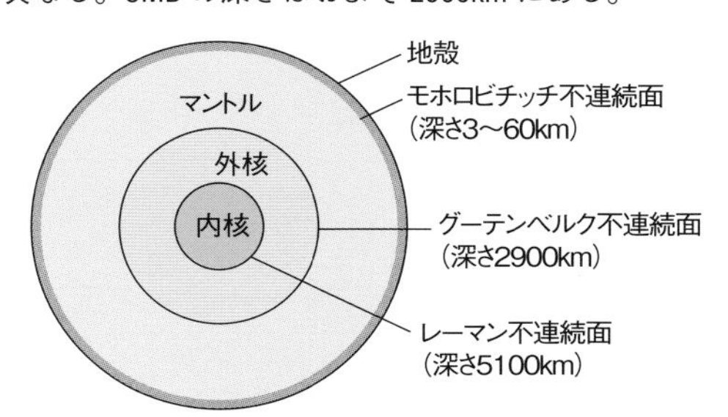


**5** 正しい。外核は液体，内核は固体でできていると考えられている。核の成分は，主に鉄であり，そのほかニッケルなどで構成されている。

## Point

□ 地球の赤道における半径およそ6400kmの内部を構成する，地殻・マントル・外殻・内核各層の境界の深さ（上図）は試験で問われやすい。巨視的には地球の内部に向かうほど岩石密度が大きく，温度が高くなる。

Ⓐ：地震波伝播速度，Ⓑ：コンラッド不連続面，Ⓒ：モホロビチッチ不連続面（モホ面），Ⓓ：グーテンベルク不連続面

# 地球の構造とその活動

**地球の構造やその活動に関する記述として最も妥当なのはどれか。**

平成20年度
国税専門官

**1** アセノスフェアと呼ばれる部分は地殻などの流動しにくく硬い部分の名称である。その下にはリソスフェアと呼ばれる比較的柔らかい部分があり，それが数百枚のプレートに分かれて地殻に接している。
マントルの上部で流れやすい性質を持つ部分
上には
硬い
数十枚

**2** かつて厚い氷床に覆われていた北ヨーロッパのある地域では，氷がとけるのに伴って，アイソスタシーを保つため大地がゆっくりと沈降する現象が観測されている。
上昇

**3** マントルでは地球内部の熱による対流運動が起こっている。その中で海溝と呼ばれる部分では周囲より温度が高くなっており，マントルが海溝に沿って上昇している。
海嶺
海嶺

**4** 深発地震とは200kmより深い場所で生ずる地震のことであり，2,000kmより深いマントル下部を震源とする地震による被害は，しばしば広範囲なものとなる。
100km
➲震源が700kmを超える地震は報告されていない

**5** 北アメリカ大陸西岸の太平洋プレートと北アメリカプレートとの境界においては，海嶺の方向と直交する横ずれ型の断層ができている。このような断層はトランスフォーム断層と呼ばれている。

難易度 ★★★　重要度 ★★★

**1** マントルの上部で1000℃を超えるとマントル物質は融点に近づき，軟らかく流れやすくなる。この流れやすい部分を［Ⓐ　　　］という。その上に載っている部分は温度が低く硬い性質を持ち，［Ⓑ　　　］という。この部分がプレートの実体で，現在地球の表面は20枚ほどのプレートで覆われ，年に数cmの速さで移動している。

**2** かつては氷河時代に厚い氷に覆われ，その状態で［Ⓒ　　　］が成り立っていた。その氷がとけると荷重が少なくなる。そのため，アイソスタシーが成立するように地殻が隆起する。実際にスカンジナビア半島では，過去1万年間に300m近く隆起している。

**3** 海溝はプレートが沈み込むところであり，温度は低くなっている。マントル対流によって上昇し，新しいプレートを作り出しているのは［Ⓓ　　　］の部分である。

**4** 深さが100kmを超える地震を深発地震という。深発地震は太平洋周辺の［Ⓔ　　　］に沿って多く起こっている。この部分は，プレートの沈み込む部分であり，プレートの境界またはプレート内で起こっている。沈み込んだプレートはやがてマントルに戻り，安定するため，震源の深さが2000kmを超えるマントル下部で地震が発生することは考えられない。

**5** 正しい。トランスフォーム断層とは，［Ⓕ　　　］の境界で生じる横ずれ状の断層である。海嶺で生まれたプレートが拡大しようとしたときに発生し，海嶺を横切る割れ目としてトランスフォーム断層が生成される。

## Point

- □ 日本列島はユーラシアプレート，北米プレート，フィリピン海プレート，太平洋プレートの４つのプレートが接している部分の上にある。
- □ 東北日本の太平洋沖合いで太平洋プレートが沈み込んでいる。このため，太平洋側では比較的深度が浅い地震が多発し，日本海側にかけて深発地震が多くなっている。

Ⓐ：アセノスフェア，Ⓑ：リソスフェア，Ⓒ：アイソスタシー，Ⓓ：海嶺，Ⓔ：孤島列島，Ⓕ：プレート

# 岩石や鉱物

## 岩石や鉱物に関する記述として最も妥当なのはどれか。

平成23年度
国家Ⅱ種

**1** 岩石を作る鉱物を造岩鉱物といい，主に~~炭素~~と金属元素で形成されている。~~炭素~~を多く含むものは~~濃い色をしているので有色鉱物~~，~~炭素~~をあまり含まないものは~~透明ないし白色なので無色鉱物と呼ばれる。~~

二酸化ケイ素
二酸化ケイ素
二酸化ケイ素

➲二酸化ケイ素を多く含むものとあまり含まないものの説明が逆である

**2** 地表や海底にたまった堆積物が固まった岩石を堆積岩と呼び，砂岩，泥岩，~~大理石~~などがある。また，マグマの熱や圧力によって，堆積岩が別の岩石に作り変えられたものを変成岩と呼び，石灰岩からは~~凝灰岩~~，~~玄武岩~~からは~~チャート~~がそれぞれ作られる。

石灰岩
大理石
➲火成岩の一種
➲堆積岩の一種

**3** 火成岩のうち**深成岩**は，マグマがゆっくり冷え固まってできるため，鉱物の結晶が大きな粒となってすき間なく集まっている**等粒状組織**となる。**火成岩**のうち火山岩は，マグマが地表付近で急に冷えてできるため，大きな結晶と小さな結晶とからなる**斑状組織**となる。

**4** ダイヤモンドと石墨（黒鉛）はどちらも炭素からなる鉱物であり，~~結晶構造も同一であるが~~，その密度や硬度が大きく異なることから，別の鉱物として扱われ，両者は互いに多形の関係にある。~~同様に石英とカンラン石，黄鉄鉱と磁鉄鉱が，それぞれ多形の関係にある。~~

➲結晶構造は同じではない
➲いずれも化学組成が違う

**5** 鉱物に必ず含まれる放射性同位体は，長い間に放射線を~~吸収~~し，別の放射性同位体に変化する。もとの半分の量になるまでの時間を半減期といい，放射性同位体の~~種類にかかわらず半減期は同一であるため~~，このことを利用して，鉱物が今から何年前にできたのかを推定するのに用いられる。

放出
種類によって異なるため

難易度 ★★★ 重要度 ★★

**1** 火成岩をつくる鉱物（造岩鉱物）のうち，Fe や Mg を多く含み，色がついているカンラン石，輝石，角閃石，[Ⓐ　　　　] を有色鉱物という。これに対して，Fe や Mg を含まず，無色または白色（淡い色）の石英や長石類を無色鉱物という。なお，火成岩の中の有色鉱物の占める割合（体積パーセント）を [Ⓑ　　　　] という。

**2** 礫，砂，泥（シルト，粘土）が堆積して固まった礫岩，砂岩，泥岩と，生物起源の石灰岩，チャートなどのほか，火山起源の [Ⓒ　　　　] などが堆積岩である。また，堆積岩由来の変成岩には，花崗岩体に接した砂岩や泥岩が変成した [Ⓓ　　　　]，石灰岩が変成した結晶質石灰岩（大理石）がある。

**3** 正しい。深成岩のように，マグマが地下深くでゆっくり冷えると，鉱物は十分に成長することができるので，大きさのほぼそろった粒からなる等粒状組織の岩石ができる。これに対して，地表や地表近くの岩脈ではマグマが急に冷えるので，細かい結晶やガラス質（非結晶質）でできた [Ⓔ　　　　] の中に大粒の [Ⓕ　　　　] が見られる斑状組織の岩石ができる。

**4** 鉱物が再結晶するときに，化学組成を変えないで，[Ⓖ　　　　] だけを変化させた鉱物をつくることがある。このように，化学組成が同じで結晶構造の違う鉱物を多形の関係にあるという。このような鉱物ができるのは，変成時の温度や圧力の条件が違うためである。

**5** 放射性同位体は放射線を放出し，長い年月の間に [Ⓗ　　　　] の速さで別の放射性同位体に変化（崩壊）し，やがて安定な同位体に変わる。放射性同位体の原子の総数が初めの半分になるのに要する時間を半減期といい，半減期はそれぞれの放射性同位体で決まっているので，その原子の数を比較することで岩石などの年齢を知ることができる。

## Point

- □ 火成岩の分類の１つに，鉱物組成（元素組成）による分け方がある。二酸化ケイ素の多い順に，酸性岩，中性岩，苦鉄岩，超苦鉄岩となる。
- □ マグマが冷えて鉱物が晶出するとき，融点の低い鉱物はすでに晶出した結晶がじゃまになるので，自形の結晶が作れないことがある。

Ⓐ：黒雲母，Ⓑ：色指数，Ⓒ：凝灰岩，Ⓓ：ホルンフェルス，Ⓔ：石基，Ⓕ：斑晶，Ⓖ：結晶構造，Ⓗ：一定

地学076

# 岩石と鉱物

## 岩石や鉱物に関する記述として，最も妥当なのはどれか。

平成26年度
国家専門職

**1** ダイヤモンドや黒鉛（石墨）は，ともに炭素からなる鉱物であるが，まったく異なる結晶構造を持つ。ダイヤモンドの結晶は硬度が高いのに対し，黒鉛の結晶は硬度が低い。このように化学組成が同じでも結晶構造が異なると別の鉱物として扱われる。

**2** 堆積岩のうち，~~流紋岩~~（石灰岩）は貝殻などが集積してできたものであり，これが~~海底などの圧力~~（熱）により変成したものが大理石である。また，~~凝灰岩~~（チャート）はプランクトンなどが集積してできたものであり，~~これが変成したものがチャートである~~。
➡チャートは堆積岩である

**3** 玄武岩は，~~黒雲母が広範囲で同じ温度，同じ圧力を長期間受けて生じた変成岩の一種であり，岩石の組織が粒状で緻密な結晶の集合体である~~。
➡玄武岩はマグマが固まってできた火成岩である
~~長石とは外観が似ているが，玄武岩は縦や横に割れる性質を持たないので，この性質で両者を判別できる~~。
➡長石は鉱物，玄武岩は岩石であり，比較対象にならない

**4** ~~水晶~~（ペリドット）はかんらん石が結晶化したものであり，~~ミョウバン~~（水晶）は石英が結晶化したものである。これらの結晶は，一般に硬度や透明度が高いため宝石の原料となり，（ルビーは）時計の軸受け（ベアリング）など工業用にも利用されている。

**5** 火成岩のうち，安山岩は，~~地下でマグマがゆっくり冷えて固まった深成岩~~に属し，ガラス質の物質が多く含まれている。
➡地表またはその近くでマグマが急速に冷えて固まった火山岩
一方，花こう岩は，~~地表またはその近くでマグマが急速に冷えて固まった火山岩~~に属し，石材としては御影石（みかげいし）と呼ばれる。
➡地下でマグマがゆっくり冷えて固まった深成岩

難易度 ★★☆ 重要度 ★★★

**1** 正しい。ダイヤモンドと黒鉛（石墨）のように，化学組成が同じで結晶構造が異なる鉱物どうしの関係を［Ⓐ　　　　］という。また，同一の元素からなる単体が，原子配列，結合のしかたの違いにより，物理的・化学的性質を異にする単体として存在する場合，この単体どうしの関係を［Ⓑ　　　　］という。

**2** 堆積岩は成因によって分類され，石灰岩，チャートはともに，化学岩と［Ⓒ　　　　］に分類される。凝灰岩は火山灰などが固まってできた堆積岩であり，火山砕屑岩（火砕岩）に分類され，地層の比較の際には鍵層として用いられる。

**3** 火成岩のうち，火山岩に分類される岩石は，玄武岩，［Ⓓ　　　　］，デイサイト，流紋岩であり，深成岩に分類される岩石は，かんらん岩，斑れい岩，［Ⓔ　　　　］，花こう岩である。

**4** 鉱物が結晶化したものは加工され，宝石として流通している。水晶は石英の結晶である。水晶は，電圧をかけると一定の周期で振動する。この性質がクォーツ時計に用いられている。

**5** 火山岩は，ガラス質の石基の中に比較的大きな鉱物の結晶である斑晶が見られる斑状組織であり，深成岩は，大きな結晶がすき間なく並んだ組織である［Ⓕ　　　　］となっている。

## Point

- □ 地層中に見られる凝灰岩層や火山灰の層，示準化石は鍵層として用いることができ，離れた場所にある地層の対比に有効である。
- □ 同じ化学組成であっても，温度，圧力の条件の違いによって異なる結晶構造が形成され，多形となる。
- □ 石灰岩は紡錘虫・サンゴ・貝殻などの堆積による炭酸カルシウム（$CaCO_3$）からなり，チャートは放散虫などの殻の堆積による二酸化ケイ素（$SiO_2$）からなる。
- □ 広域変成作用によってできた変成岩の，薄くはがれやすい構造を片理という。

Ⓐ：多形，Ⓑ：同素体，Ⓒ：生物岩，Ⓓ：安山岩，Ⓔ：閃緑岩，Ⓕ：等粒状組織

# 地球を構成する物質

## 地球を構成する物質に関する記述として最も妥当なのはどれか。

平成22年度
国税専門官

**1** 原始地球の大気は，主に~~酸素（$O_2$）~~，メタン（$CH_4$），~~アンモニア（$NH_3$）~~から
➲原始大気の主成分は二酸化炭素（$CO_2$）
なっていたが，~~長い年月をかけて化学反応が進み~~，現在の大気の組成（$H_2O$ を
➲生物の活動によって二酸化炭素が消費され酸素が増加した
除いた体積比）は，~~窒素が７割，酸素が２割，二酸化炭素が１割程度~~となっている。
➲窒素が約８割，酸素が約２割で，二酸化炭素は極めて微量である

**2** 地表から高度 10km 付近までは対流圏と呼ばれ，そこから高度 50km 付近までは，窒素，酸素等の~~大気成分が分子量の大きさ順におおむね独立した層を成して存在~~しており，成層圏と呼ばれている。~~成層圏より上空は大気成分が希薄なため，極めて低温になっている~~。
➲大気の主成分の濃度は均一で，中間圏界面付近まではほとんど変化しない
➲高度とともに，成層圏・熱圏では気温が上昇し，中間圏では気温が低下する

**3** 地殻中に存在する金属元素を質量パーセントで比較すると，最も多いのは~~カルシウム（Ca）~~，次いで~~アルミニウム（Al）~~となっている。天然では，カルシウムは主に炭酸塩となり石灰石として存在し，アルミニウムは~~イオン化傾向が極めて小さいため主に単体で存在する~~。
アルミニウム (Al)　鉄 (Fe)
➲イオン化傾向が大きいので単体では存在しにくく，酸化物で存在することが多い

**4** 地殻中に存在する非金属元素を質量パーセントで比較すると，最も多いのは酸素，次いでケイ素（Si）となっている。天然では，ケイ素は酸素と共有結合して二酸化ケイ素（$SiO_2$）として存在し，これが石英をはじめ多くの鉱物の主成分となっている。

**5** 海水１kg には約~~３ g~~の塩分が溶けており，その大部分は~~塩化カリウム（KCl）~~である。塩分濃度は一般に~~水深が深いほど低くなる~~が，これは，水深が深くなるほど海面からの水分の蒸発による影響を受けにくくなるからである。
35 g　塩化ナトリウム (NaCl)
水深が深くなるとほぼ一定 (3.5% ) の値を示す

難易度 ★★★　重要度 ★★★

**1** 原始地球の大気は［Ⓐ　　　　　］が大半を占め，微量の一酸化炭素，メタン，窒素，水蒸気などを含んでいたが，酸素はほとんど含まれていない。現在の大気の組成は，窒素が約78%，酸素が約21%で，二酸化炭素は0.04%に過ぎない。

**2** 上空ほど大気は希薄になるが，その組成はほぼ均一である。成層圏では高度とともに気温が上昇し，その上の中間圏では高度とともに気温が低下する。しかし，さらにその上の［Ⓑ　　　　　］では高度とともに気温が上昇する。

**3** 地殻中に存在する金属元素は，多い順に［Ⓒ　　　　　］（8.1%），鉄（5.0%），カルシウム（3.6%），ナトリウム（2.8%），……である。また，イオン化傾向の極めて小さい金や銀などは単体で存在するが，イオン化傾向の大きい多くの金属は単体では存在せず，$Al_2O_3$ や FeO，CaO などの酸化物として存在する。

**4** 正しい。地殻中の非金属元素のうち最も多いのは［Ⓓ　　　　　］（46.6%），次いでケイ素（27.7%）であり，大陸性地殻の組成のうち，酸素とケイ素の化合物である二酸化ケイ素の割合は59.8%にもなる。

**5** 海水に含まれる塩分のうち，約78%が［Ⓔ　　　　　］であり，塩化マグネシウム（9.6%），硫酸マグネシウム（6.0%），硫酸カリウム（4.0%），塩化カリウム（2.0%）などが含まれる。塩分濃度は，表層近くでは3.3～3.7%と緯度によって多少異なっているが，深度が深くなると緯度に関係なく3.5%前後の一定の値に近づく。塩分濃度の変化は，表層では水分の蒸発，水温の変化などによる溶解度の変化が考えられるが，深海ではそれらの影響が少なくなるのでほぼ一定になる。

## Point

- □ 大気中の二酸化炭素は、原始の海洋（炭酸塩の沈殿の生成）と生物（植物の光合成）によって除かれていったと考えられる。
- □ 成層圏では高度とともに温度が上昇している。これは，成層圏の中に存在するオゾン層が太陽からの紫外線を吸収するからである。

Ⓐ：二酸化炭素，Ⓑ：熱圏，Ⓒ：アルミニウム，Ⓓ：酸素，Ⓔ：塩化ナトリウム

# プレートテクトニクス

**現在の各大陸がかつて１つの大陸にまとまっていたという説は，大陸や大洋底の地殻部分が徐々に移動していることを前提としているが，これを裏づける事実として妥当なものは次のうちどれか。**

平成9年度
国家Ⅱ種

**1** 地球内部の熱が地殻の表層から放出される熱量は，火山の近くのような特殊な場所を除くと，~~海嶺よりも海溝~~のほうが大きい。
海溝よりも海嶺

**2** 地球が誕生した約45億年前は南北の磁極が逆転していたが，~~磁極の位置が次第に移動し，中生代には赤道上の２点が南北の磁極となり~~，新生代になって~~現在の磁極に固定された~~。
➡突然反対極性が現れる
➡現在も磁極はわずかながら移動している

**3** 大洋底に広く分布する玄武岩上の堆積物は，海嶺から遠ざかるにつれてその厚さが増加し，化石から推定される堆積開始時の年代も古い。
➡プレートが移動しながら堆積が進行したことを表している

**4** ~~北アメリカ大陸西岸とアジア大陸東岸には，先住民族の分布・古代遺跡の共通性，海岸線の並行性が見られる。~~
➡大陸移動の根拠とする海岸の並行性は大西洋を挟んで向き合う大陸である

**5** ~~北ヨーロッパのスカンジナビア地域では約10mm/年の土地の隆起が~~，~~わが国の太平洋沿岸の沖積平野では約200mm/年の土地の沈下が見られる。~~
➡アイソスタシー説の裏づけ
➡地震や火山活動などによる変動以外では見られない

難易度 ★★★ 重要度 ★★★

**1** 地球内部のマントルは［Ⓐ　　　　］であるが，長期的な同じ力を受け続けることで流動的にふるまい，中心部の核の熱によって対流していると考えられている。海嶺付近ではマントルが深部からわき上がり，海溝付近ではマントルが沈み込んでいる。

**2** 磁極は現在も移動しているが，地軸の北極・南極を中心とした狭い範囲での移動にとどまっている。また，大陸移動が磁極の変化に影響を与えたとしても，その変化はわずかなものと考えられる。磁極が反転するほどの変化は，磁極がだんだん移動するのではなく，突然地磁気が弱まり，突然［Ⓑ　　　　］の地磁気が現れたということがわかっている。

**3** 正しい。大洋底に広く分布する玄武岩は海嶺からわき出したものであり，プレートとして移動する。このため，玄武岩上の堆積物は玄武岩とともに移動するので［Ⓒ　　　　］から遠ざかるほど堆積開始の年代も古いと考えることができる。

**4** 人類の歴史の中では，プレートの移動は微々たるものである。また，北アメリカ西岸とアジア大陸東岸との間には［Ⓓ　　　　］はない。

**5** 平時において起こる隆起や沈降は年に数mm程度であり，200 mmも変化することはない。急激な変動は［Ⓔ　　　　］などによって断層ができるような場合である。スカンジナビア半島が隆起を続けているのは，かつてあった氷床が消失して上部マントルにかかる地殻の荷重が小さくなり，アイソスタシーによってつり合う状態に戻ろうとしているためと考えられている。

## Point

- ☐ 地学現象をプレートの運動によって説明しようとするのが，プレートテクトニクスである。
- ☐ マントル上部の流れやすい性質を持つ部分をアセノスフェア，その上にある固い性質を持つ部分をリソスフェアという。
- ☐ プレートの実体はリソスフェアであり，海嶺で生まれ，海溝で再び地球内部に戻る。

Ⓐ：固体，Ⓑ：反対極性，Ⓒ：海嶺，Ⓓ：並行性，Ⓔ：地震

# 地　震

## 地震に関する記述として最も妥当なのはどれか。

平成27年度
国家専門職

**1** 地震発生と同時に，地震波であるＰ波とＳ波は震源から同時に伝わり始めるが，縦波であるＰ波のほうが横波であるＳ波より速く伝わる。両者の波の観測地点への到達時刻の差を初期微動継続時間といい，震源から観測点までの距離に比例してこの時間は長くなる。

**2** 地球内部は地殻，マントル，核の３つに分けられる。マントルは，地震が発生した際にＳ波が~~伝わらない~~ことから固体であると推定され，核は，~~Ｐ波の伝わる速度がマントルに比べて速いことから液体~~であると推定されている。

伝わる

➲外核は液体，内核は固体

**3** 世界で起きる地震は，プレート内部の地殻深部で起きるものが多い。わが国で地震の発生が多いのは，日本列島全体が~~太平洋プレートの上~~にあるからであり，アルプス－ヒマラヤ地域で比較的発生が多いのも，この地域が~~ユーラシアプレートの中央~~に位置しているからである。

プレートどうしの境界付近

プレートどうしの境界付近

**4** 地震の大きさは，通常，マグニチュードと震度で表される。マグニチュードは地震の規模を示し，地震波のエネルギーは，マグニチュードが１大きくなると約~~２倍~~になる。一方，震度は地震の~~強さ~~を示し，~~震度が１大きくなると，地震の伝達範囲は４倍に広がる~~。

32倍

揺れの大きさ

➲震度と地震の伝達範囲は関係がない

**5** 断層は地震による地層のずれで発生し，ずれ方によって正断層と逆断層の~~２つのいずれかに~~分類される。逆断層は，~~断層面が滑りやすく地震が発生するたびにずれる断層で活断層とも呼ばれる~~。一方，正断層は~~一度ずれると断層面が固着するので，再び地層がずれることはない~~。

➲横ずれ断層もある

➲このような事実はない

➲このような事実はない

**1** 正しい。P波の速度のほうがS波の速度よりも速いため，観測地点に先に到達する。P波が到達してからS波が到達するまでの時間を[Ⓐ　　　　]といい，この時間の長さは震源からの距離に比例する。つまり，この時間の長さは，P波によって起こる揺れである初期微動の時間の長さである。

**2** S波は固体中は伝わるが，液体，気体中は伝わらない。よって，地殻，マントル，外核，内核のうち，液体である[Ⓑ　　　　]中は伝わらない。P波は，マントル中から核に入るところで速度が変わり，核に入ったとき速度は[Ⓒ　　　　]なる。

**3** 世界各地のプレートの境界付近では地震が起こりやすい。日本列島は，海洋プレートが大陸プレートに沈み込む境界付近に位置し，沈み込み境界にたまったひずみが解放される際に大地震が発生しやすい。日本列島周辺の4つのプレート，ユーラシアプレート，北米プレート，太平洋プレート，フィリピン海プレートの名称は覚えておきたい。このようなプレートどうしの関係から，日本列島では震源の深さが100km以上である[Ⓓ　　　　]が発生することが多い。

**4** 地震の規模を表す値を[Ⓔ　　　　]といい，この値が1大きくなると地震のエネルギーは約32倍，2大きくなると1000倍となる。地震の揺れの大きさを表す単位を[Ⓕ　　　　]といい，ある観測地点での揺れの大きさを示す値で，震度分布は，一般に，震央を中心とする同心円状になる。

**5** 断層には，上盤がずり下がる正断層，上盤がずり上がる逆断層，水平にずれる横ずれ断層などがある。これらは，地盤のずれ方によって分けられる。過去数十万年の間に繰り返し活動し，今後も活動すると考えられる断層を[Ⓖ　　　　]といい，この断層は地盤のずれ方による分類ではないので，注意が必要である。

☐ 世界各地のプレート境界付近では，震源の深い地震が起こっている。

Ⓐ：初期微動継続時間，Ⓑ：外核，Ⓒ：遅く，Ⓓ：深発地震，Ⓔ：マグニチュード，Ⓕ：震度，Ⓖ：活断層

# 地　震

## 地震に関する記述として，妥当なのはどれか。

平成26年度 地方上級

**1** 地震が発生した場所を~~震央~~，~~震央~~の真上の地表の地点を~~震源~~，~~震央~~から震源ま
震源　震源　震央　観測地点
での距離を震源距離という。

**2** ~~S波~~による地震の最初の揺れを初期微動といい，最初の揺れから少し遅れて始
P波
まる~~P波~~による大きな揺れを主要動という。
S波

**3** 地震による揺れの強さを総合的に表す指標を震度といい，気象庁の震度階級は，震度0から震度7までの10階級となっている。

**4** 地震の規模を表すマグニチュードは，1増すごとに地震のエネルギーが~~10倍~~
約32倍
になる。

**5** 海洋プレートが大陸プレートの下に沈み込む境界を~~ホットスポット~~といい，そ
海溝
の付近では巨大地震が繰り返し発生する。

難易度 ★★★　重要度 ★★★

**1** 震源から観測地点までの距離を震源距離といい，震央から観測地点までの距離を［Ⓐ　　　　］という。震央と震源の距離を震源の深さと呼ぶ。

**2** 地震により発生したＰ波とＳ波では，Ｐ波のほうが速く伝わるため観測地点に先に到達する。観測地点にＰ波が到達してからＳ波が到達するまでの時間を［Ⓑ　　　　］またはＰ－Ｓ時間といい，この時間の長さは［Ⓒ　　　　］に比例する。

**3** 正しい。震度階級は，震度5，震度6が強と弱に分かれており，計10階級である。震度は，一般に震源に近い場所ほど大きく，震度の分布は同心円状となる。

**4** マグニチュードは，2増すごとに地震のエネルギーは1000倍となるため，1増すごとに$\sqrt{1000}$倍≒32倍となる。近年では地震の規模を表す指標としてモーメントマグニチュード〔Mw〕が使われることもある。

**5** 巨大地震が発生しやすい地域として，海洋プレートが大陸プレートに沈み込む場所が挙げられ，震源の深さが100kmを超えるような［Ⓓ　　　　］も発生する。プレートが沈み込む場所ではないが，火山活動が活発な地域である［Ⓔ　　　　］でも地震は発生するがマグニチュード8を超えるような巨大地震が繰り返し起こることはない。［Ⓔ　　　　］の例としては，ハワイ諸島が有名である。

## Point

- □ 初期微動継続時間が震源距離に比例することを表したものに，大森公式$D=kT$(震源距離$D$〔km〕，初期微動継続時間$T$〔s〕，比例定数$k$〔km/s〕）がある。
- □ 震源から離れているのにもかかわらず震度が大きい地域を異常震域と呼ぶ。
- □ プレートが沈み込む地域で発生する地震を海溝型地震という。

Ⓐ：震央距離，Ⓑ：初期微動継続時間，Ⓒ：震源距離，Ⓓ：深発地震，Ⓔ：ホットスポット

地学081

# 火　山

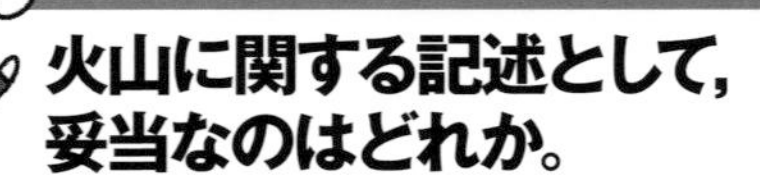

## 火山に関する記述として，妥当なのはどれか。

**1** 火砕流は，~~噴火によってとけた雪など多量の水~~が火山砕屑(せつ)物と混ざって流れ下る現象である。
高温の火山ガス

**2** ~~大量の火山灰や軽石~~が~~一度に大量に噴出する~~と，インドのデカン高原のような大規模な溶岩台地が形成される。
流動性に富んだ溶岩　繰り返し大量に噴出する

**3** ハワイ式噴火は，粘性の~~高い~~マグマが~~間欠的に爆発的~~噴火を引き起こすものであり，例としてハワイ島のマウナロア火山の噴火がある。
低い　連続的に流れ出る
➡キラウエア火山でも見られる

**4** ~~粘性が低い玄武岩質~~のマグマが繰り返し噴出すると，富士山のような円錐形の成層火山が形成される。
粘性の高い安山岩質

**5** ホットスポットは，アセノスフェア内の特に温度の高い狭い部分から高温のプルームが上昇して火山活動を行う地点である。

難易度 ★☆☆　重要度 ★★★

**1** 火砕流は，高温の火山ガスと火山砕屑物が一体となり，高速で斜面を下る現象である。堆積している火山灰などが水と混ざって流れ下る現象は［Ⓐ　　　］という。水は火山湖や氷河，雨水など，さまざまなものから供給される。

**2** **3** 玄武岩質マグマは粘性が低くて流れやすく，傾斜の緩い［Ⓑ　　　］（マウナロアやキラウエア）や溶岩台地（アイスランドやデカン高原）を形成する。噴火が繰り返されることにより，溶岩流が広範囲に広がって大規模な火山を形成する。

**4** 富士山を代表とする円錐形の［Ⓒ　　　］は，溶岩と火山砕屑物が同時に噴出する噴火活動によって形成された。溶岩と火山砕屑物が交互に重なっているという特徴がある。

**5** 正しい。［Ⓓ　　　］深部から上昇するホットプルームに由来し，プレートの境界と関係なくマグマが噴出する，その噴出孔をホットスポットという。ホットスポットは大陸内部や海洋に存在している。ハワイはホットスポット上にできた火山島である。玄武岩質のマグマであるため，裾野が緩やかになっている。

## Point

| 火山の形 | 盾状火山（マウナロア，キラウェア） | 成層火山（富士山，桜島，浅間山） | 溶岩ドーム（昭和新山，有珠山）カルデラ（阿蘇山） |
|---|---|---|---|
| マグマの性質 | 玄武岩質 | （安山岩質） | デーサイト質<br>流紋岩質 |
| 温度 | 高 | ←→ | 低 |
| 粘性 | 低 | ←→ | 高 |
| 噴火の様子 | おだやか | ←→ | 爆発的 |
| 溶岩流の発生 | 多い | ←→ | 少ない |

□ ホットスポットは移動しないが，上部のプレートが移動するため，海山列ができる。

□ 海山はホットスポット上から移動したものであり，噴火しない。噴火中のホットスポットから遠ざかるほど古代の海山である。

Ⓐ：火山泥流，Ⓑ盾状火山，Ⓒ：成層火山，Ⓓ：マントル

# 火山活動

## 火山活動に関する記述として最も妥当なのはどれか。

平成21年度
国家Ⅱ種

**1** 盾状火山は，玄武岩質で粘性の低いマグマの噴出により，溶岩流が広く流れ出して形成されるため，傾斜の緩い山となり，噴火が繰り返し起きてできた面積の広い火山が多い。代表的なものにハワイ・マウナロア山がある。

➡有色鉱物を多く含み，黒っぽい色をしている
➡盾を伏せたような山

**2** 成層火山は，二酸化珪（けい）素の含有量の~~少ない~~マグマの噴火により，~~同時期に~~流出した火砕物（かさいぶつ）と溶岩が幾層にも交互に重なり合って堆積するため，整った円錐形となる。わが国では富士山以外に~~は成層火山はほとんど見られない~~。

やや多い
複数回の噴火で
➡層状になる
羊蹄山，岩木山，浅間山，桜島など数多く見られる

**3** 溶岩円頂丘とは，安山岩質で~~温度の高い溶岩が，火山活動が収束しつつあるときに~~火口の上にゆっくりとドーム状に盛り上がったもので，~~そのまま火山活動を終える場合が多く，なだらかな山容を示す~~。代表的なものに~~岩手山や三宅島~~がある。

➡流紋岩，デイサイト，安山岩などの粘性の非常に強い溶岩により形成
➡崩落等を起こすことがある
昭和新山や雲仙平成新山

**4** カルデラの多くは，~~マグマが急激に上昇して噴出し，爆発によるエネルギーで山体が破壊されてできた窪地~~である。形成されたカルデラに~~地下からのわき水~~がたまってできた湖としては，~~諏訪湖~~や十和田湖などがある。

➡多くは陥没してできたものである
雨水
➡地殻変動によってできた湖（断層湖）である

**5** 海洋プレートが沈み込むときに，~~プレート間に生じる摩擦によって発熱が起こり~~，岩石が溶けてマグマが生じる。火山はマグマがたまった上部に発生すると考えられている。わが国では多くの火山が帯状に分布しており，~~火山帯の西側のへり~~は明瞭な線で結ばれ，火山前線と呼ばれる。

➡プレートの沈み込みにより，地下深部でプレートが融解する
火山帯の東側のへり

難易度 ★★★　重要度 ★★★

**1** 正しい。温度が［Ⓐ　　　　］く，粘性の低い多量の玄武岩質溶岩の噴出によって形成される。溶岩が流れやすいため，傾斜の緩やかな底面積の広い火山である。ハワイ諸島の火山はほとんどが盾状火山であり，ハワイ島にあるマウナロア山は世界最大である。日本に規模の大きな盾状火山は存在しない。

**2** 同一の火口から複数回の噴火により，溶岩や火山砕屑物（さいせつぶつ）などが積み重なって形成された円錐状の火山である。溶岩・火山砕屑物・火砕流堆積物などの互層により，それが層を成していることから「成層」の名が付いた。マグマは二酸化ケイ素をやや多く含み，粘性は中間かやや高いために［Ⓑ　　　　］的な噴火が繰り返される。

**3** マグマの粘性が高いため［Ⓒ　　　　］性が小さく，また，ガスが少ないために爆発的な噴火を起こさず，火口から塊となって押し出され，盛り上がったようになる。形は多様であるが，高さには限界があるため，噴出量が多いときは，［Ⓓ　　　　］を起こしたり，平坦になったりする傾向がある。なお，岩手山も三宅島も成層火山である。

**4** カルデラの多くは，大規模な噴火で火山灰，火砕流，軽石，溶岩などの火山噴出物が大量に噴出し，空洞化した地下の［Ⓔ　　　　］に落ち込む形で地表が陥没し，続いて崖（がけ）崩れなどによりさらに拡大したものである。このほかに，水蒸気爆発が引き金になって，火口付近の山頂部が崩壊してできる爆発カルデラや侵食カルデラなどがある。

**5** 水分を含んだ海洋プレートが，海溝で沈み込んで地下深部に達すると，通常よりも低い温度で融解する。これがマグマだまりを作り，その上に火山を作る。このため，日本の［Ⓕ　　　　］側では海溝に沿って火山が並ぶことになり，これを火山前線という。

## Point

☐ ただ１回のまとまった噴火活動でできた火山を単成火山といい，噴火が複数回繰り返されてできた火山を複成火山という。

☐ プレートより下のマントルにマグマの生成源があると推定される火山（海底火山）が生まれる場所をホットスポットという。

Ⓐ：高，Ⓑ：爆発，Ⓒ：流動，Ⓓ：崩落，Ⓔ：マグマだまり，Ⓕ：太平洋

# 日本の火山

## 日本の火山に関する次の記述のうち，妥当なものはどれか。

平成11年度
国税専門官

**1** 伊豆大島や三宅島の火山の噴火は，火山灰が上空1万mまで達するような激しい爆発型であり，ガスを大量に含む粘性の非常に大きな安山岩質マグマが噴出するため，空気と一緒になって火山表面を急速に流れる火砕流を生ずる可能性がある。

➡比較的穏やかである
➡流動性の大きい玄武岩質マグマ
➡火砕流は発生していない

**2** 雲仙火山の噴火では，玄武岩質の溶岩ドームが噴火口をふさいでしまい，それまでの火口ではなかった場所から割れ目が生じて噴火し，いくつもの火口が並んで生じる割れ目噴火が起こった。

流紋岩質
➡割れ目噴火は起こっていない

**3** 富士山や浅間山は，噴火の際空中に噴出された火砕物質や火山灰の上に火砕流と火口から流出した溶岩が積み重なって形成されたものであり，コニーデと呼ばれる。

**4** 桜島は，頻繁に噴火を繰り返し大量の火山灰を噴出しているが，粘性の大きい玄武岩質のマグマが火口で冷え固まって溶岩円頂丘を形成しており，火砕流や溶岩流が起こることのないつり鐘型火山である。

➡安山岩質のマグマを噴出する成層火山である

**5** 火山によっては，阿蘇山や十和田湖のように直径数kmから数十kmのカルデラが見受けられるが，これは大量のガスを含む粘性の大きいマグマが大爆発をしたため火口が吹き飛んだものであり，溶岩円頂丘の最終的な形である。

➡マグマだまりに空洞が生じ，陥没して形成されたものである

難易度 ★★★ 重要度 ★★★

**1** 伊豆大島の三原山や三宅島の雄山は［Ⓐ　　　　　］質で比較的流動性のあるマグマによる噴火のため，割れ目噴火や溶岩噴泉が見られる。このため，火山灰が1万mの上空に吹き上げられるような爆発型の噴火は起こらず，火砕流が発生するような状態にもならない。

**2** 雲仙普賢岳の噴火では，粘性の高い流紋岩質の溶岩ドームが火口をふさいでしまい，その崩落によって［Ⓑ　　　　　］が発生している。また，粘性の高い溶岩の場合，山腹などで割れ目噴火を起こすことはほとんどない。

**3** 正しい。富士山や浅間山は複成火山であり，成層火山（コニーデ）である。マグマの粘性は流紋岩質マグマと，玄武岩質マグマの中間である。火口は主に1か所で，噴火を繰り返してその周囲に溶岩と火山砕屑岩が交互に積み重なった［Ⓒ　　　　　］に近い形の火山である。

**4** 鹿児島県の桜島は，安山岩質のマグマを噴出する［Ⓓ　　　　　］である。複数の山体を持つが，御岳と呼ばれる活火山によって形成され，頻繁に噴火を繰り返してきた歴史を持ち，現在も活動中である。溶岩流や火砕流の積み重ねによってでき，大隅半島と接している。

**5** カルデラのでき方は複数ある。大規模な噴火によって，火山噴出物が大量に噴出し空洞化した地下のマグマだまりに，山体が落ち込む形で地表が陥没したものや，陥没によるものよりも小規模な噴火や水蒸気爆発が引き金となって火口付近の山頂部が崩壊してできたものなどがある。カルデラの多くは［Ⓔ　　　　　］によるものである。

## Point

- ☐ 火山には，1回のまとまった噴火でできた単成火山と，複数回の噴火が繰り返されてできた複成火山がある。
- ☐ 火山の形式には，山頂の火口から噴火する山頂噴火と，山腹に火口ができて噴火する山腹割れ目噴火がある。
- ☐ 日本列島は弧状列島上に位置し，環太平洋火山帯に属している。また，日本の火山帯は，大きく東日本火山帯と西日本火山帯とに分かれる。

Ⓐ：玄武岩，Ⓑ：火砕流，Ⓒ：円錐形，Ⓓ：成層火山（コニーデ），Ⓔ：陥没

# 火山活動

## 火山活動に関する記述 A ~ D のうち，妥当なもののみを挙げているのはどれか。

平成25年度
国家専門職

**A** マントルの一部が溶けて発生したマグマは，周りの岩石より密度が小さく，液体であるため移動しやすいので，上昇する。マグマは，一時，火山の下のマグマだまりに蓄えられる。マグマには $H_2O$ や $CO_2$ などの揮発性成分も含まれており，マグマだまりの中でその圧力が高まると，岩石を打ち破ってマグマが地表に噴出する。

**B** 火山の噴火のしかたや形状はさまざまであり，マグマの粘性やその成分の量との関係が深い。マグマの粘性は，一般に $SiO_2$ 成分が多くなるほど~~小さく~~（大きく）なる。粘性の~~小さな~~（大きな）溶岩が流出してできるのが溶岩円頂丘（溶岩ドーム）であり，わが国では~~阿蘇山~~（昭和新山）のものが有名である。一方，粘性の~~大きな~~（小さな）溶岩が噴出して形成された火山を盾状火山といい，わが国では~~有珠山~~が有名である。

➡日本には典型的な盾状火山はない

**C** 火山は世界各地に存在するが，ハワイのように~~プレートの境界~~（ホットスポット上）に存在する火山島を除き，その多くは~~プレート内部に分布する~~（プレート境界付近に分布する）ものである。わが国の火山は主に~~太平洋プレート内部に位置するが~~（海溝から 200 ～ 300km 離れた火山フロント（火山前線）に位置する），活火山は桜島や雲仙岳，三原山など~~少数~~（多数ある）であり，~~大多数は 100 年以上噴火記録のない富士山や浅間山など活火山に分類されない火山である~~。

➡富士山，浅間山は活火山に分類される

**D** マグマが固まってできた岩石が火成岩であり，その固まり方によって多様な岩石ができる。深成岩はマグマが深いところでゆっくり固まったものであり，同じような粒度を持つ鉱物からなる等粒状組織を示すことが多い。一方，火山岩は，地表や地表近くでマグマが急速に冷えて固まってできたものであり，斑晶と石基からなる斑状組織を示す。

1 A，B
2 A，C
**3** A，D
4 B，C
5 C，D

難易度 ★★★　重要度 ★★★

**A** 正しい。マグマはマントルの一部が液状となって発生する。固体である岩石の融点は一般に，[Ⓐ　　　　] が低下すると下がるため，マントル物質が上昇することによりマグマが発生する。岩石がすべて融けることは少なく，一部の鉱物は融けずに残ることが多く，この状態を [Ⓑ　　　　] という。

**B** マグマの粘性は含まれる二酸化ケイ素（$SiO_2$）の量によって決まり，マグマの粘性によって火山の形が決まる。マグマの粘性が大きい順に，溶岩円頂丘（溶岩ドーム），[Ⓒ　　　　]，盾状火山を形成する。

**C** ハワイはプレート境界から離れたホットスポット上にある。わが国の火山は，主に太平洋プレートが沈み込むフィリピン海プレート（伊豆・小笠原地域），北米プレート（東北日本），フィリピン海プレートが沈み込むユーラシアプレート（西南日本）の上にあり，海洋底拡大の初期段階にあると考えられる沖縄トラフと，その北方延長にある九州北部にもみられる。[Ⓓ　　　　] とは，おおむね1万年以内に噴火した火山および現在活発な噴気活動のある火山をさし，2021年現在，日本にある [Ⓓ　　　　] は111である。

**D** 正しい。深成岩は，ケイ長質岩である [Ⓔ　　　　]，花崗閃緑岩，中間質岩である閃緑岩，苦鉄質岩である [Ⓕ　　　　] に分類される。火山岩は，ケイ長質岩である [Ⓖ　　　　]，デイサイト，中間質岩である [Ⓗ　　　　]，苦鉄質岩である玄武岩に分類される。

よって，**A** と **D** が正しいので **3** が正答となる。

## Point

- ☐ マグマは $SiO_2$ の量の割合が多いほど粘性が大きく，噴火は激しいものとなる。
- ☐ 地殻中のマグマだまりでは，マグマから遊離した水蒸気，二酸化炭素，二酸化硫黄などの気体がマグマを押し上げる働きをする。
- ☐ 溶岩円頂丘（溶岩ドーム）の例として昭和新山，樽前山，成層火山の例として富士山，岩木山，盾状火山の例としてキラウエア火山などが有名である。

Ⓐ：圧力，Ⓑ：部分融解，Ⓒ：成層火山，Ⓓ：活火山，Ⓔ：花崗岩，Ⓕ：斑れい岩，Ⓖ：流紋岩，Ⓗ：安山岩

# 地球の大気

## 地球の大気に関する記述として，妥当なのはどれか。

平成21年度
地方上級

**1** 地表付近の水蒸気を除いた大気の組成は，高度約 80km まで変わらず，体積比の大きい順に~~酸素，窒素，二酸化炭素~~となっている。
室素，酸素，アルゴン

**2** 対流圏とは地表から高度約 ~~20~~km までの大気の部分をいい，高緯度地方の対流圏では~~オーロラ~~が発生する。
11
➲高さ 100 ～ 1000km の範囲（熱圏）で現れる発光現象である

**3** 成層圏にはオゾン層と呼ばれるオゾンを含む層があり，オゾン層では紫外線を吸収している。
➲オゾンの発生と分解にも関与している

**4** 中間圏とは高度約 50km から高度約 ~~500~~km までの大気の部分をいい，中間圏における大気の温度は高度とともに~~上昇~~する。
80
低下

**5** 熱圏とは高度約 ~~500~~km より上空の大気の部分をいい，熱圏にある電離層は電波を~~吸収~~するため短波放送の伝搬を~~妨げる~~。
80
➲電波が電離層と地表で反射を繰り返すため，短波放送を聴くことができる

難易度 ★★★　重要度 ★★★

**1** 水蒸気を除いた地表近くの大気の主な成分組成は，窒素 78.08%，酸素 20.95%，アルゴン 0.93% である。この組成は高さが 80km 近くまではほとんど変わらない。なお，[Ⓐ　　　　　] は 0.03 ～ 0.035% とされているが，水蒸気と同様に，場所や時間によって変動すると考えられている。

**2** 地表付近の気温は，約 11km の高さまでは，高さとともに低下する。この範囲では，雲の発生や降水などの [Ⓑ　　　　　] が起こり，この部分を対流圏という。対流圏の上限を [Ⓒ　　　　　] という。

**3** 正しい。[Ⓓ　　　　　] には，オゾン($O_3$)が比較的多く含まれる層があり，これをオゾン層という。このオゾンは，太陽からの紫外線によって酸素分子($O_2$)が化学変化して生じたものである。また，オゾン層は太陽の [Ⓔ　　　　　] をよく吸収する働きを持つので，有害な紫外線が地表に届くのを防いでいる。

**4** 中間圏とは，成層圏の上に広がる空間で，高さ約 50km から約 80km までをいう。気温は高さとともに [Ⓕ　　　　　] するが，その割合が対流圏より小さいため，大気の対流は起こっていないと考えられる。

**5** 熱圏とは，中間圏の上に広がる空間で，高さが 80km 以上をいう。ここでは，太陽からの [Ⓖ　　　　　] や紫外線によって酸素分子や窒素分子の一部が電離し，高さが 500km 以上では大気の大部分が電離している。このため，電離層を含み，地上から送られた電波を反射して地表に戻している。地球の裏側で発信された [Ⓗ　　　　　] 放送を聴くことができるのは，電波が地表と電離層との間で反射を繰り返して伝わるためである。

## Point

- □ オーロラは，太陽風によって磁気圏内の荷電粒子が加速され，それが磁力線に沿って極側から流入し，電離層を刺激して発光を起こしたものである。
- □ 大気中の水蒸気の量は変動が大きく，空気の組成には含めないが，0 ～ 4 %と考えられている。

Ⓐ：二酸化炭素，Ⓑ：気象現象，Ⓒ：圏界面，Ⓓ：成層圏，Ⓔ：紫外線，Ⓕ：低下，Ⓖ：X線，Ⓗ：短波

# 地球の熱収支と大気・海洋の循環

## 地球の熱収支と大気および海洋の循環に関する記述として最も妥当なのはどれか。

平成23年度
国家Ⅰ種

**1** 地球に入射する太陽の放射エネルギーは，大気を通過する際に，その約~~9~~割が
2
水蒸気や二酸化窒素により吸収されて大気を直接暖め，~~約1割が地表面に達し~~
➲約5割は直接地面に届き，地表面からの赤外放射により大気が暖められる
~~て地表を暖める。~~大気中に吸収された熱エネルギーは，赤外放射によって地上付近に~~向かう~~ため下層の大気が高温に保たれる。
滞留する

**2** 太陽から受ける熱は低緯度ほど多く，赤道付近では，水蒸気を含んだ大気が暖められて上昇する。上空で２つに分かれ，~~ジェット気流~~によって北極と南極に
対流運動
向かい，緯度30度付近で冷えて降下し，~~降雨の原因となる。そのため緯度30~~
➲緯度30度付近で降下する大気は乾燥した大気となる
~~度付近は蒸発量より降水量が多い。~~

**3** 水は海面や地表から蒸発するときに周囲から多量の熱を奪い，水蒸気が大気中で凝結するときには熱を放出するが，これに伴う熱の輸送を**潜熱輸送**という。また，地表で暖められた空気の上昇や，熱伝導に伴う熱の輸送を**顕熱輸送**という。

**4** ~~赤道付近では高温により海水が蒸発するため，~~ほかの海域に比べて海水の塩分
➲海水の塩分濃度の上昇は，北極や南極の結氷によるもの
が増加し密度が大きくなる。塩濃度の高い水塊は，海洋の深部に沈み込み~~北極や南極~~に向かう。これを海水の熱塩循環と呼び，海洋では約~~100~~年かけて深部
北太平洋　1200～1500
から表層への海水の交換が行われる。

**5** 陸を形成する物質は，海水に比べて熱容量が非常に~~大きい~~。このため，昼間に
小さい
~~海域~~で暖められた空気は容易に上昇するので，~~海域~~の気圧は相対的に低くなり，
陸域　陸域
ここへ~~陸~~からの空気が流れ込み風が生じるようになる。
海

難易度 ★★★　重要度 ★★★

**1** 太陽放射のエネルギーの約3割は雲や地面で反射されて宇宙空間に戻されるが，大気は，[Ⓐ　　　　] に対しては透明であるが，[Ⓑ　　　　] に対しては不透明なので，地表で得た熱は大気の下層にたまり，地表の温度を保っている。

**2** 低緯度と高緯度の温度差を解消しようとする大気の動きは，対流による動きである。赤道付近で上昇する大気は雨を降らせ，対流により亜熱帯高圧帯へ移動して下降する。亜熱帯高圧帯では赤道に向かう貿易風と高緯度に向かう偏西風が吹き出す。この対流運動を [Ⓒ　　　　] という。

**3** 正しい。水が海面や地表面から蒸発するとき，水は周囲から多量の熱を取り込み，水蒸気が大気中で凝結するときは熱を放出する。このような熱の移動を [Ⓓ　　　　] といい，地表で暖められた空気の上昇や伝導による熱の移動を顕熱輸送という。潜熱輸送の量は顕熱輸送の量の3倍である。

**4** 北大西洋北部と南極のウェッデル海付近の海水の塩分濃度は，どちらの海域も他と比べて塩分濃度が高く，重い水が形成されていて，大西洋の深層に沈み込んでいる。これは，どちらも [Ⓔ　　　　] が低いことと，結氷によるものと考えられている。沈み込んだ海水は世界の海洋の深層を循環し，全海洋でゆっくりと表層に戻される。

**5** よく晴れた日の海岸地方では，日中には海から陸へ，夜間には陸から海へ風が吹くが，このような風を [Ⓕ　　　　] という。海面の温度が1日中ほとんど変化しないのに対して，地表の温度は日中に高くなり，夜間には低くなる。つまり，日中には地表で上昇気流が起こって低圧となり，それによって海から陸に空気が移動するのである。

## Point

- ☐ 水蒸気や二酸化炭素，メタンなど，赤外放射をよく吸収する気体を温室効果ガスといい，これが地表付近に滞留すると，地表への放射が多くなり，地表の気温が上昇することになる。
- ☐ 海陸風のように，限られた地域に吹く特徴のある風を局地風という。日中に谷から山頂に向かって吹く谷風，夜間に山頂から谷に向かって吹く山風も局地風である。

Ⓐ：太陽放射，Ⓑ：赤外放射，Ⓒ：ハドレー循環，Ⓓ：潜熱輸送，Ⓔ：海水温，Ⓕ：海陸風

# 地球の温室効果ガス

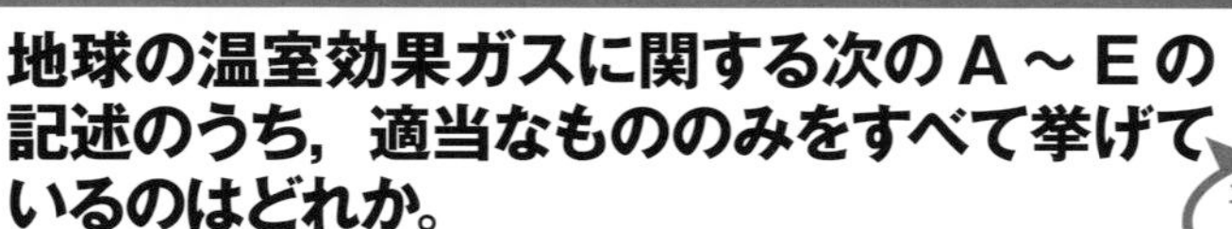

**地球の温室効果ガスに関する次のA～Eの記述のうち，適当なもののみをすべて挙げているのはどれか。**

平成18年度
裁判所

**A** 大気中の二酸化炭素の起源を調べる方法として，放射性炭素（$^{14}$C）が使われる。~~化石燃料には放射性炭素が大量に含まれており~~，化石燃料の燃焼によって二酸
➲化石燃料には放射性炭素はほとんど含まれていない
化炭素が放出されると，~~大気中の放射性炭素の濃度が増加する~~。その濃度の変化を観察することによって，化石燃料由来の二酸化炭素の割合を見積もることができる。

**B** 大気中の二酸化炭素は，海洋表層に溶け込むと，海洋生物，特に海生微細藻類によって有機物に変えられる。その有機物は，海洋表層から深層へと運ばれ，その途中で大部分がバクテリアなどの働きによって分解されて無機炭素（炭酸）に変えられて，海洋深層水に蓄えられる。

**C** 温室効果ガスとしては，二酸化炭素以外にメタンが挙げられる。メタンは，沼地，水田，動物のふん尿などから排出され，わが国における年間排出量は，二酸化炭素の1～2％程度にすぎないが，気体の一定体積当たりの温室効果は，二酸化炭素の約20倍といわれている。

**D** 大気中の二酸化炭素濃度は，季節により変化し，夏に~~高く~~（低く），冬に~~低い~~（高い）というリズムが見られる。その理由としては，夏には植物が繁茂して光合成が活発となり，大気中への二酸化炭素の放出量が~~増加~~（減少）し，冬には枯葉などの分解のために二酸化炭素の~~吸収量~~（排出量）が増加するからである。

**E** 温室効果ガスが存在する現在の地球の地表の平均気温は約~~25℃~~（15℃）であるが，太陽から受け取るエネルギー量と地球が宇宙空間へ放出するエネルギー量のバランスから計算すると，温室効果ガスがもたらす温室効果がなければ，地球の地表の平均気温は約~~15℃~~（－18℃）となる。

**1**…… A，D　　**2**…… A，E
**3**…… B，C　　**4**…… B，E
**5**…… C，D

難易度 ★☆☆ 重要度 ★★★

**A** 化石燃料には放射性炭素がほとんど含まれていないか，0である。放射性炭素（$^{14}C$）は，［Ⓐ　　　　］の炭素化合物中の放射性炭素の割合を調べるもので，化石起源（化石燃料起源）－生物起源の混合した炭素化合物の場合は，その混合比が放射性炭素濃度に反映されるということになる。

**B** 正しい。海洋表層の植物プランクトンの光合成によって有機物に変えられ，それが海洋の深層へ運ばれる途中で無機炭素に変えられ，その多くは炭酸水素イオンとして［Ⓑ　　　　］に蓄えられる。

**C** 正しい。メタン（$CH_4$）は［Ⓒ　　　　］の主成分が，二酸化炭素の約20倍の温室効果（地球温暖化係数，排出係数という）がある。全体の温室効果ガスの排出量に対しては約1.4%（2003年）と少ないが，地球温暖化の原因は，メタンが約20%といわれている。

**D** 大気中の二酸化炭素は，夏に減少し，冬に増加することを周期としているが，年間の平均で見ると，わずかではあるが年々増加しつつある。

**E** 地球の平均気温は約［Ⓓ　　　　］であるが，もしも地球上に温室効果ガスがなかったとすれば，平均気温は－18℃となり，通常の生命は存在できない。地表の気温は，太陽から届く日射が大気を素通りし，地表面で吸収され，加熱された地表面から赤外線の形で熱が放射され，温室効果ガスがこの熱を吸収し，その一部を再び下向きに放射して地表面や下層の大気が再加熱されているものである。

よって，**B** と **C** が正しいので **3** が正答である。

## Point

☐ 海洋中には大気中の約50倍の炭素が含まれている。海洋と大気との間では常に炭素の交換が行われていて，大気中の二酸化炭素濃度は，海洋中での炭素循環にも大きな影響を受ける。

☐ 水田はメタン発生源の一つである。土壌に含まれる有機物や，肥料として与えられた有機物の分解で生じる二酸化炭素・酢酸などから，メタン生成菌の働きにより生成される。

☐ 温室効果ガスは地表の平均気温を保つうえで重要な働きをしているが，その増加は，平均気温の上昇につながり，生態系の破壊につながる。

Ⓐ：生物起源，Ⓑ：海洋深層水，Ⓒ：天然ガス，Ⓓ：15℃

# 海流など

## 海流などに関する記述として最も妥当なのはどれか。

平成20年度
国家Ⅰ種

**1** 海流の原動力となっている主な風系は，低緯度帯の~~偏西風~~（貿易風）と中緯度帯の~~貿易風~~（偏西風）である。地球の自転による転向力のため，海水はこれらの風と同じ方向には動かず，北半球では風の~~左側~~（右側）に，南半球では風の~~右側~~（左側）にそれて流れていく。

**2** アジア大陸の東岸の黒潮，北米大陸東岸のメキシコ湾流など大陸の東岸には，とりわけ強い流れが存在する。これは，海洋から見ると西側にあるので西岸強化という。西岸強化は地球の自転に伴う転向力によってもたらされる現象である。

**3** 日本の南方には，北東に向かって流れる暖流の~~親潮~~（黒潮）がある。~~親潮~~（黒潮）は，東方で北太平洋海流，カリフォルニア海流，北赤道海流へとつながり，太平洋を一周する大きな環状の流れの一部である。このような流れは，大洋の緯度30°付近を中心に見られ，~~熱塩循環~~（亜熱帯還流（亜熱帯循環））と呼ばれる。

**4** エルニーニョ現象は，貿易風が何らかの原因で~~強まる~~（弱まる）ことによって，赤道付近の東太平洋の暖水層が~~薄く~~（厚く）なり，冷水の湧昇も~~強くなる~~（弱くなる）ことで発生する。エルニーニョ現象は，世界の気候にさまざまな影響を及ぼし，日本では，猛暑や台風発生の増加などが起こるといわれている。
➡日本では長梅雨，冷夏，暖冬になることが多い

**5** 潮汐は，月や太陽の引力によって海水が動くために起こる。潮汐を起こす力を起潮力という。太陽による起潮力は月の約~~2~~（0.45）倍である。月が太陽と同じ方向にある新月のとき，あるいは月が太陽と正反対の方向にある満月のときには，干満の差の~~小さい小潮となる~~（大きい大潮となる）。

**1** 海流の原動力は1つではないが，その主なものは年間卓越風によって吹送された流れと考えることができる。低緯度帯には，東風となる［Ⓐ　　　　］（偏東風）が，中緯度帯には西風となる［Ⓑ　　　　］が吹いている。これに地球の自転による力が加わり，海水の還流が生まれる。これが亜熱帯循環であり，黒潮は北太平洋の中緯度海域を時計回りに流れている亜熱帯循環の一部である。

**2** 正しい。海水が地球の自転による転向力の影響で，遅れる形で大陸の東岸に押しつけられるため，大洋の［Ⓒ　　　　］の海流が強くなる。これを西岸強化といい，太平洋の黒潮，北大西洋のメキシコ湾流などがそれに当たる。

**3** ［Ⓓ　　　　］は，千島列島に沿って南下し，日本の東まで達する海流で，寒流である。なお，熱塩循環とは，主に中深層（数百メートル以深）で起こる地球規模の海洋循環のことで，大循環，深層大循環とも呼ばれる。

**4** ［Ⓔ　　　　］が発生すると，貿易風（東風）が弱まるため，暖められた海水が太平洋中央部や太平洋東部に滞留し，太平洋南東部（ペルー沖）を中心に海水の温度が上がる。この影響で日本では長梅雨，冷夏，暖冬となることが多い。

**5** 海水の移動が起こるのは，月や太陽の引力の方向と大きさが地球上の各地点で異なるためである。起潮力の大きさは，天体の質量に比例し，地球からの距離の3乗に［Ⓕ　　　　］する。このため，太陽は月よりはるかに質量が大きいのに，距離が遠いため，起潮力は月の0.45倍である。

## Point

- ☐ 表面海流の還流と中深層で起こるによる深層大循環を合わせて海洋大循環という。
- ☐ ペルー沖では，通常水温の高い海面の水が貿易風で西へ移動し，深海から栄養分の高い冷水が補給されよい漁場となっている。

Ⓐ：貿易風，Ⓑ：偏西風，Ⓒ：西側，Ⓓ：親潮，Ⓔ：エルニーニョ，Ⓕ：反比例

# 海　洋

## 海洋に関する記述として，妥当なのはどれか。

令和３年度
地方上級

**1** 海水の塩類の組成比は，塩化ナトリウム 77.9%，~~硫酸~~（塩化）マグネシウム 9.6%，~~塩化~~（硫酸）マグネシウム 6.1%などで，ほぼ一定である。

**2** 海水温は，鉛直方向で異なり，地域や季節により水温が変化する表層混合層と水温が一定の深層に分けられ，その間には，水温が急激に低下する水温躍層が存在する。
➡深さとともに水温が低下する

**3** 一定の向きに流れる水平方向の海水の流れを海流といい，貿易風や偏西風，地球の自転の影響により形成される大きな海流の循環を~~熱塩循環~~（風成循環）という。

**4** 北大西洋のグリーンランド沖と南極海では，水温が低いため，密度の大きい海水が生成され，この海水が海洋の深層にまで沈み込み，表層と深層での大循環を形成することを~~表層循環~~（熱塩循環）という。

**5** 数年に一度，赤道太平洋のペルー沖で貿易風が弱まって，赤道太平洋西部の表層の暖水が平年よりも東に広がり，海面水温が高くなる現象を~~ラニーニャ現象~~（エルニーニョ現象）という。

難易度 ★★★ 重要度 ★★★

**1** 海水 1000 g に含まれる塩類は約［Ⓐ　　　　］g である。塩類の種類は多い順に，塩化ナトリウム（NaCl），塩化マグネシウム（$MgCl_2$），硫酸ナトリウム（$Na_2SO_4$），塩化カルシウム（$CaCl_2$）などであり，この組成比は世界中の海でほぼ一定である。

**2** 正しい。海洋は温度変化をもとにして３つの層に分けられる。暖かく軽い海水は上に行き，冷たく重い海水は下に行く。［Ⓑ　　　　］は太陽によって暖められることにより水温が高くなっている。これが風や波によって水が上下方向に混合し，層内の温度差が小さくなっている。［Ⓒ　　　　］の層では，水温が急激に低下している。この層より上部の海水を表層水，下部の海水を深層水という。深層の水温は季節や場所によらず約２℃でほぼ一定である。

**3**・**4** 海面付近でのほぼ一定方向の海水の流れを［Ⓓ　　　　］という。低緯度では貿易風によって東から西へ，中緯度では［Ⓔ　　　　］によって西から東に流れる。この海流が亜熱帯の海域では，北半球で時計回り，南半球で反時計回りの還流を生じている（表層循環）。表層の海水が南極海やグリーンランド沖など高緯度域に達すると，海面は冷やされ，［Ⓕ　　　　］濃度が高くなり，海水が深層に沈み込むことで鉛直方向の深層循環が生じる。一度沈み込んだ海水が再び上昇するまで約 1500 年かかるとされている。

**5** 赤道太平洋東部の海面水温が通常よりも低下する現象を［Ⓖ　　　　］と呼ぶ。発生すると，日本では寒い冬や暑い夏になりやすい。

**Point**

- □ 海水中のイオン存在量は，多い方から塩化物（$Cl^-$），ナトリウム（$Na^+$），硫酸（$SO_4^{2-}$），マグネシウム（$Mg^{2+}$）……である。
- □ 地球規模の海水の循環は，表層での風による風成循環，深層での水温と塩分濃度による熱塩循環である。

Ⓐ：35，Ⓑ：表層混合層，Ⓒ：水温躍層（主水温躍層），Ⓓ：海流，
Ⓔ：偏西風，Ⓕ：塩分，Ⓖ：ラニーニャ現象

# 海洋で発生する現象

## 海洋で発生する現象に関する記述として最も妥当なのはどれか。

平成22年度
国家Ⅱ種

**1** 高潮とは，台風などが近くを通るときに，気圧の低下による海面の吸い上げ作用や強風による海岸への海水の吹き寄せ効果などから，天文潮よりも海面が高くなる現象である。

**2** 津波とは，地震に伴って海底が急に変化することによって起こされる波で，外洋での波高は1m程度であるが，海岸に近づくと波高は高くなる。ただし，リアス式海岸のような湾に入ると湾奥に進むにつれてエネルギーは~~分散され，波高は低くなる。~~
➡集束して波高は高くなる

**3** 潮汐とは，海面の水位が1日に2回高くなったり（満潮），低くなったり（干潮）する現象であるが，その主な原因は，~~海と陸における日中と夜間の温度差によって発生する海陸風によるものである。~~
➡他の天体の引力により，天体の表面（海面）などが上下する現象である

**4** 新月のときに太陽と月の引力が重なることで海面の水位が最も高くなることを大潮といい，~~満月~~のときに太陽と月の引力が打ち消されるために最も海面の水位が低くなることを小潮という。
（新月→満月　満月→半月（上弦の月・下弦の月））

**5** 海の波は，波長が水深に比べて小さい波である表面波と，ある程度の深さまで動く波である長波に分けられ，エネルギーだけが動く風浪~~や潮汐~~は表面波であるが，海水そのものが移動していく津波などは長波である。
➡潮汐は表面波ではない

難易度 ★★★　重要度 ★★★

**1** 正しい。台風や発達した低気圧が海岸付近を通過すると，気圧の低下による海面上昇が起こったり，強風による海岸への海水吹き寄せが起こったりする。これによって，通常より海面が高くなる現象を高潮という。この現象が［Ⓐ　　　　］と重なると潮位はさらに高くなる。

**2** 津波の間隔は短いもので2分程度, 長いものでは1時間以上にもなり, 100km を超す長波長の例もある。これが沿岸に近づくと水深が浅くなるため，波高が［Ⓑ　　　　］なり，速度が［Ⓒ　　　　］なる。また，これらの変化はV字形に広がる湾などでは，湾の奥に進むにつれて水深が浅くなるとともに幅が狭くなるので, エネルギーが凝集されて波高が高くなる。したがって，リアス式海岸のような複雑な地形では，場所によって非常に高い波が押し寄せることがある。

**3**・**4** 潮汐を起こす起潮力は，地球に［Ⓓ　　　　］を及ぼしている月と太陽である。その大きさは地球に近い月のほうがはるかに大きいが，月による起潮力と太陽による起潮力が［Ⓔ　　　　］する新月と満月のときに干満の差が大きい大潮となり，起潮力が相殺(そうさい)される上弦の月と下弦の月のときに干満の差が小さい小潮となる。

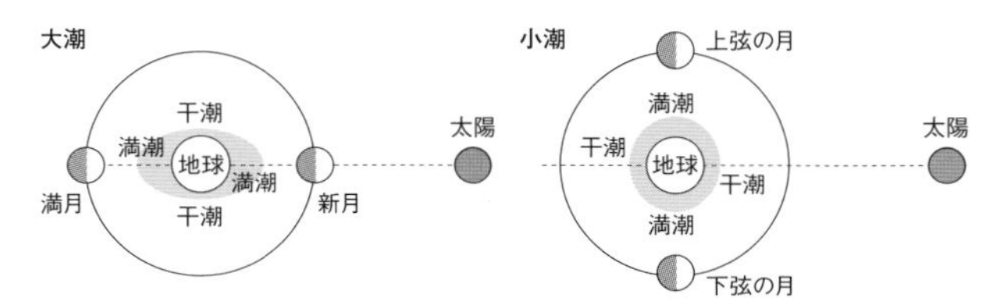


**5** 表面波をよく見ると，水そのものは移動せず，上下動が伝わっていくだけであることがわかる。これに対して，長波はある程度の深さまで水が動く波である。風が起こす風浪は［Ⓕ　　　　］であり，地震が起こす津波は［Ⓖ　　　　］である。

## Point

- □ 津波は，海岸線に近い場所で起きた火山の山体崩壊で，大量の土砂や岩石が海になだれ込んだときにも発生する。
- □ 遠く離れた台風などによって作られた波が伝わってきたものをうねりという。うねりは風浪によってできたものである。

Ⓐ：満潮，Ⓑ：高く，Ⓒ：遅く，Ⓓ：引力，Ⓔ：一致，Ⓕ：表面波，Ⓖ：長波

地学091

# 地球環境の変化

## 地球環境に関する記述として最も妥当なのはどれか。

平成29年度
国家総合職

**1** ~~1950~~（1970）年代以降，南極上空にオゾンの濃度が極端に低いオゾンホールが現れるようになった。その原因は，冷蔵庫の~~冷却剤~~（冷媒）やスプレーの噴射剤などに大量に使用されるようになったフロンが，~~中間圏~~（成層圏の上部）で太陽の紫外線によって分解され，フロンから分離したフッ素原子がオゾン分子を分解してオゾン層を破壊することであると明らかにされた。~~1950~~（1980）年代後半から，フロンの生産規制が国際的に進められてきたことにより，大気中のフロン濃度の増加は止まっている。

**2** 人間活動による石油や石炭などの化石燃料の消費量の増加に伴い，大気中の二酸化炭素濃度は産業革命以降上昇し続け，現在の二酸化炭素濃度は，~~地球の歴史上~~（観測史上）で最も高いレベルにある。二酸化炭素は，~~太陽からの紫外線を吸収し，その熱を対流圏界面にとどめて地球全体を暖める~~（太陽によって温められた地面から放射される赤外線を吸収し，再び地表に放出する）温室効果をもたらす。過去100年間にわたる全地球平均気温の上昇は，二酸化炭素に代表される温室効果ガスの影響が大きいと考えられている。

**3** 近年世界各地で起きている砂漠化は，過剰な灌漑や放牧，森林伐採などの人間活動が原因の一つとなっており，大量の砂塵を発生させる。東アジアの砂漠域や黄土地帯から強風により細かい黄砂粒子が大気中に舞い上がり，それが浮遊しつつ降下する現象は，黄砂現象と呼ばれる。この現象は，わが国でも観測されており，春には空が黄褐色に煙ることもある。黄砂は，偏西風に乗って太平洋を越え，アメリカ大陸でも観測されている。

**4** 降水は通常~~中性または弱アルカリ性~~（pH5.6 程度の弱酸性）であるが，化石燃料の燃焼や，自動車の排気ガスなどにより大気中に放出された二酸化硫黄や窒素酸化物（➡硫黄酸化物）が大気中で化学変化を起こし，~~炭酸~~（硫酸や硝酸）となって降水に溶け込む。~~これは~~酸性雨（pH5.6 以下の雨）と呼ばれ，雨や雪などとして降ることによって環境に影響を及ぼしている。酸性雨は~~大気汚染の発生源周辺の比較的狭い範囲で発生する~~（➡汚染物質の発生源周辺だけではなく，広く周辺諸国にも影響する）ため，各国がそれぞれ脱硫装置の設置や硫黄酸化物の規制などの対策を採り，一定の効果を上げている。

**5** 都市部では，周辺の郊外と比較して温度が上昇するヒートアイランド現象が発生し，東京では，平均気温が100年前と比べて~~5度以上~~（約3度）上昇している。~~この原因やメカニズムは地球温暖化と同様であるが~~（➡舗装による表土の減少や人工的廃熱などの原因は地球温暖化と異なる），ヒートアイランド現象は影響の範囲が都市部を中心とした限定的なものである点で地球温暖化とは異なっている。都市部は，ヒートアイランド現象により~~下降気流~~（上昇気流）が発生しやすく，特に夏季には高積雲が成長して激しく雨が降ることが多いと考えられている。

難易度★★★　重要度★★★

**1** [Ⓐ　　　　] が破壊されると，紫外線の一部が吸収されずに地上に到達して生物に影響を及ぼすため [Ⓐ　　　　] 回復に努める施策がなされている。[Ⓐ　　　　] を国際的に保護する取り決めにより，大気中のフロンの増加は止まり，オゾンホールの縮小が認められているが，いまだにオゾンホールは存在している。

**2** 地球の原始大気は二酸化炭素が主であったと考えられており，現在の濃度よりもはるかに高かった。[Ⓑ　　　　] には二酸化炭素のほか，水蒸気やメタンガスも含まれる。

**3** 正しい。黄砂の粒子には中国で排出された汚染物質が付着するため，日本でも健康被害が心配されている。黄砂は [Ⓒ　　　　] に乗って太平洋を越え，北米やグリーンランドなどでも観測されている。

**4** 通常の降水は，大気中の二酸化炭素が溶け込むために，弱い酸性となる。酸性雨とは，大気中に排出された硫黄（石油など化石燃料に含まれる）や窒素酸化物（自動車などの排気ガスに含まれる）が化学変化を起こしてできた硫酸や硝酸が溶け込んだものである。酸性雨は，土壌や湖沼の酸性化をもたらし，[Ⓓ　　　　] を含む構造物を溶解したり農作物に被害を与えたりなどする。そのため，世界各地で脱硫装置の設置や硫黄酸化物の排出規制などが進んでいる。

**5** 都市部の地上付近の気温が周辺に比べて高くなることを，[Ⓔ　　　　] という。舗装道路やコンクリートの建造物などは，人工的な廃熱を増加させ，水の蒸発量を減じて，局地的に気温を上げる原因となる。これにより上昇気流が発生し，雲を発生させて，短時間で局地的に大雨を降らせる [Ⓕ　　　　] を引き起こすと考えられている。

## Point

- □ 大気汚染物質の拡散そのものが社会に影響を及ぼすだけではなく，地球温暖化をもたらしたり，物質を核として降雨を発生させたりもする。
- □ 大気の循環のために，たとえ汚染物質の排出が局地的であっても，影響は広範囲にわたる。各国が協力して問題にあたることが必要である。

Ⓐ：オゾン層，Ⓑ：温室効果ガス，Ⓒ：偏西風，Ⓓ：炭酸カルシウム，Ⓔ：ヒートアイランド現象，Ⓕ：都市型豪雨（ゲリラ豪雨）

# 低気圧の通過

## 低気圧の通過に伴う天候に関する次の文のうち，正しいものはどれか。

平成17年度
地方上級

**1** 低気圧は発達した雨雲を伴うので，低気圧が接近すると~~必ず豪雨となる~~。
➡すべての低気圧に雨雲が発達するわけではない

**2** 温暖前線が通過するとき，~~比較的短時間の激しい~~降雨があり，通過後は暖かくなる。
比較的長時間の穏やかな

**3** 寒冷前線が通過するとき，~~比較的長時間にわたって~~降雨が見られ，通過後は寒くなる。
比較的短時間の激しい

**4** 閉塞前線が通過するとき，断続的に降雨があり，通過後の気温変化は目立たない。

**5** 低気圧が通過した後は~~高気圧が接近し，天候は快晴となる~~。
➡必ず高気圧が接近するとは限らないし，天候も快晴になるとは限らない

難易度 ★★★ 重要度 ★★★

**1** 低気圧では，その中心に周りから風が吹き込むため，中心付近では［Ⓐ　　　　］を生じる。この上昇気流が雲を発生させるが，雲を発達させるには暖湿な空気の供給が必要と考えられる。その例が台風（熱帯低気圧）である。暖湿な空気の供給が弱い低気圧では，雲は発生させるが弱い降雨または降雨とならない場合も多い。つまり，低気圧が接近すると必ず豪雨となるわけではない。

**2** 温暖前線では，暖気が寒気の上を緩やかにはい上がるため，下層から上層に向かって広い範囲に雲が発生する。前線に近い下層には乱層雲ができ，比較的長時間にわたって穏やかな降雨が見られる。通過後は［Ⓑ　　　　］の中に入るので，顕著ではないが暖かくなる。

**3** 寒冷前線では，寒気が暖気を押し上げて進むため，［Ⓒ　　　　］を生じ，垂直に発達する積乱雲ができ，比較的短時間に激しい降雨が見られる。通過後は寒気の中に入るので，顕著に気温が下がる。

**4** 正しい。温暖前線に寒冷前線が追いついて重なり，わずかな温度差のある2つの寒気どうしが移動する際の接触面で発生する前線である。暖かい気団は冷たい気団に閉め出されて上空に押し上げられ，地上では2つの前線が閉塞（へいそく）したような構造になる。接触した2つの気団は寒気であるが，［Ⓓ　　　　］があるため一方の寒気が他方の寒気に乗り上げたり潜り込んだりするため，断続的に降雨があるが，温度差が小さいため気温の変化は目立たない。

**5** 移動性の低気圧・高気圧が次々に東進するような季節では，低気圧の通過後，天候はよくなることが多いが，一般的に低気圧のすぐ後ろに高気圧があるというわけではない。［Ⓔ　　　　］には低気圧が前線付近を次々と通過するため，ぐずついた天気が続く。

**Point**

- □ 北の寒気と南の暖気が接し，境界が波打って，北の寒気は南の暖気の下に潜り込み，南の暖気は北の寒気の上にはい上がる形で，全体として左巻きの渦ができる。これが温帯低気圧である。
- □ 温帯低気圧は，寒帯気団と熱帯気団の境界となる前線域に発生する。日本はこの前線域にあり，発生した温帯低気圧は偏西風によって東へ移動する。

Ⓐ：上昇気流，Ⓑ：暖気，Ⓒ：上昇気流，Ⓓ：温度差，Ⓔ：梅雨

# 低気圧

## 低気圧に関する記述として，妥当なのはどれか。

令和３年度
地方上級

**1** ~~低気圧~~（高気圧）は，中心付近に比べて周囲が低圧であり，北半球では時計回りに回転する渦であるという性質を持つ。

**2** 低気圧は，温帯低気圧と熱帯低気圧とに大きく分けられ，温帯低気圧は前線を（➡東側に温暖前線，西側に寒冷前線）伴うことが多いが，熱帯低気圧は前線を伴わないなどの違いがある。（➡積乱雲ができる）

**3** 熱帯低気圧のうち，北太平洋西部で発達し，最大風速が ~~33~~（17）m/s 以上に達したものを台風といい，北大西洋で発達したものを~~サイクロン~~（ハリケーン）という。

**4** 台風のエネルギー源は，暖かい海から蒸発した大量の水蒸気が~~融解~~（凝結）して雲となるときに放出される~~顕熱~~（潜熱）である。

**5** 発達した台風の目の中では，強い上昇気流と，~~積乱雲群による激しい雨が観測~~される。（台風に伴う風雨は中心から50～100km あたりで最大となり，中心は風が強い）

難易度 ★★★ 重要度 ★★★

**1** 北半球における高気圧の中心付近では［Ⓐ　　　　　］が生じ，天気は晴れやすい。そして，地上付近の中心部では時計回りに風が吹き出される。

**2** 前線には，温暖前線，寒冷前線，［Ⓑ　　　　　］，停滞前線の４種類がある。特に日本付近を通過する前線を伴う低気圧は，暖気と寒気の境界に発生する［Ⓒ　　　　　］である。

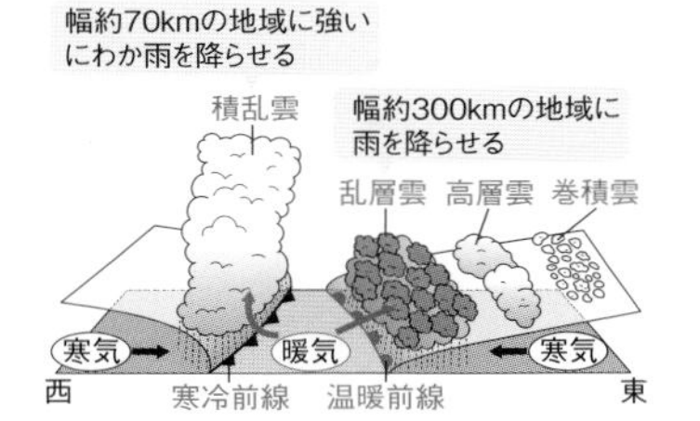


**3** 熱帯や亜熱帯の海洋上で発達する熱帯低気圧は，暖気のみでできているため，前線を伴わない。その種類は下記の通りである。

| 種類 | 発生場所 | 基準 |
|---|---|---|
| 台風 | 北太平洋西部 | 最大風速約 17m/s 以上 |
| ハリケーン | 北大西洋・北太平洋東部 | 最大風速約 33m/s 以上 |
| サイクロン | インド洋・南太平洋 | 最大風速約 17m/s 以上 |

**4** 暖かい海の海面では水の蒸発が盛んに起こり，上昇気流となる。上昇気流で持ち上げられた水蒸気は，凝結して雲となる。その際に［Ⓓ　　　　　］が放出され，周囲の大気を温めることで上昇気流を強め熱帯低気圧を発達させる。

**5** 台風の内部について，対流圏の下層では反時計回りに風が吹き込み，対流圏の上層にて時計回りに風を吹き出している。この中心部分は［Ⓔ　　　　　］と呼ばれ，比較的風が弱く雲が少ない。その周辺が最も風雨が強い領域となっている。

## Point

- ☐ 日本では温暖前線が通過すると西から暖かい空気が入ってくるため気温が上がる。逆に寒冷前線が通過すると西から冷たい空気が入ってくるため気温は低下する。
- ☐ 台風の進行方向右側は，台風の移動方向と巻き込まれる風の向きが同じであるため，左側よりも風が強くなる。

Ⓐ：下降気流，Ⓑ：閉塞前線，Ⓒ：温帯低気圧，Ⓓ：潜熱，Ⓔ：台風の目

地学094

# 日本の天気

## 日本の天気に関する次の記述のうち，妥当なものはどれか。

平成10年度
地方上級

**1** 冬は，西高東低の気圧配置となり，低温で~~湿った~~乾燥した大陸のシベリア気団からの季節風が日本海を渡り日本列島の中央部の山脈にぶつかり，日本海側に雪を降らせる。

**2** 梅雨は，オホーツク海高気圧と小笠原高気圧から吹き出す大気の境目に停滞する梅雨前線によってもたらされ，ジェット気流の~~南下~~北上とともに，オホーツク海高気圧は消えて梅雨が明ける。

**3** 夏は~~東高西低~~南高北低の気圧配置となり，小笠原高気圧から吹き出す高温多湿な空気によって，~~西日本で降水量が多くなり~~，また，強い日射によって積乱雲が発達し雷が発生する。

➡西日本で降水量が多くなるということはない

**4** 台風は7，8月頃は日本の南岸沖を通過することが多いが，小笠原高気圧が南に退くことにより，9，10月頃になると，~~日本海沖を通過するか，大陸に向かう~~日本列島に接近するものが多くなる。

**5** フェーン現象は，湿った空気塊が，風上側の斜面に降水をもたらし山脈を越え，乾燥し，湿度が低下して風下に吹き降りる現象で，発達した台風や低気圧が日本海側にあるときの北陸地方の異常高温などがその例である。

難易度 ★☆☆　重要度 ★★★

**1** 冬はシベリア気団が発達し，また日本の東海上には低気圧が発達するので，西高東低の気圧配置になる。シベリア気団は，本来大陸性の乾燥した気団であるが，シベリア気団からの風は，日本海を吹き渡るときに，比較的暖かい日本海から大量の［Ⓐ　　　　］が供給される。この湿った空気が脊梁（せきりょう）山脈にぶつかり，上昇気流となって積乱雲が発生し，雪が降る。

**2** ジェット気流は，梅雨前には南に下がっていて，チベット高原やヒマラヤ山脈の南を流れているが，北上してチベット高原にぶつかると2つに分かれ，それが合流する手前の［Ⓑ　　　　］で高気圧が発達する。これが，オホーツク海高気圧である。7月に入ると，ジェット気流はさらに北上し，チベット高原の北を通るようになって分流が消えると，オホーツク海高気圧は消えて梅雨（つゆ）が明ける。

**3** 夏には南方の小笠原高気圧（北太平洋高気圧）が発達し，また，アジア大陸は熱せられて［Ⓒ　　　　］が低くなり，南高北低の気圧配置となる。そのため，南から南東にかけて熱く湿った風が吹き，蒸し暑くなる。また，積乱雲の発達により夕立が見られる。

**4** 台風は小笠原高気圧のへりに沿って進むことが多いので，梅雨時には太平洋側を通り，夏から秋にかけては日本海側を通ることが多い。また，［Ⓓ　　　　］の影響を受けるため，9，10月頃には大陸に向かう台風は少ない。

**5** 正しい。南方からの湿った風は，山脈にぶつかると雨を降らせ，山脈を越えると［Ⓔ　　　　］した風となって吹き降り，気温の高い風となる。

## Point

- □ 一般に，大陸で発達する気団は湿度が低く，海上で発達する気団は湿度が高い。
- □ ジェット気流は南北にうねって波のように吹いている。この波動を偏西風波動という。
- □ 偏西風波動のように，南北に大きく波うつ気流は，低緯度で暖められ，高緯度で熱を放出することから，低緯度の熱を高緯度に運ぶ働きをしている。

Ⓐ：水蒸気，Ⓑ：オホーツク海，Ⓒ：気圧，Ⓓ：偏西風，Ⓔ：乾燥

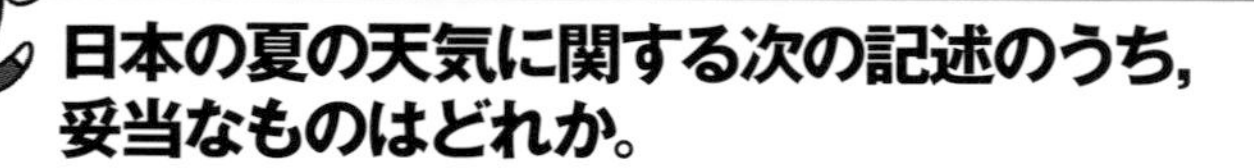

# 日本の天気

## 日本の夏の天気に関する次の記述のうち，妥当なものはどれか。

平成8年度
国税専門官

**1** 冷たい空気を持つ~~シベリア高気圧~~（オホーツク海高気圧）と，高温多湿である空気を持つ北太平洋高気圧の気流が日本上空でぶつかり，両者の勢力がほぼつり合っていると，前線が日本上空であまり動かず，長雨の続く梅雨となる。この前線は，~~秋に長雨をもたらす秋雨前線とは異なり，温暖前線であることが特徴である~~。
➲梅雨前線も秋雨前線も停滞前線である

**2** 梅雨明けには，高温多湿である空気を持つ北太平洋高気圧が~~西~~（北）に張り出して日本付近を覆い，猛暑をもたらすことがある。また，~~気圧~~（気温）と湿度に基づいて表される不快指数も高まり，~~これが一定の値を超えた盆地では「ヒートアイランド」と呼ばれる現象が観測される~~。
➲ヒートアイランド現象は都市部の高温化のことである

**3** 台風は，熱帯地方で発生する熱帯低気圧の発達したものであり，前線を伴った温帯低気圧に接近した場合には，台風のほうがエネルギーが大きいため~~その低気圧を吸収し，前線を伴った台風となって急速に発達しながら速度を上げて進むため~~，日本に大きな災害をもたらすこともある。
➲熱帯低気圧が温帯低気圧を吸収したり，台風が前線を伴ったりすることはない

**4** 夏になっても北太平洋高気圧の勢力が強まらずに日本付近に北上してこないと，~~シベリア高気圧~~（オホーツク海高気圧）が強いまま冷たい~~北西風を日本に吹き続かせる西高東低の気圧配置~~になりやすい冷夏となり，農作物が大きな被害を受けることもある。
➲北東風が吹く

**5** 夏には，強い日射により地表付近の湿った空気が熱せられて激しい勢いで上昇し，その結果発達した積乱雲により雷が発生しやすい。また，気圧の谷の通過に伴って，高温多湿の空気の上に寒気が急に入り込み，大気の状態が不安定となったときにも雷が発生しやすい。

難易度 ★★★ 重要度 ★★★

**1** 梅雨をもたらす梅雨前線(ばいうぜんせん)は，低温多湿のオホーツク海高気圧と高温多湿の北太平洋高気圧が接するところにできる［Ⓐ　　　　］である。また，秋に長雨をもたらす秋雨前線(あきさめぜんせん)は，後退する北太平洋高気圧とシベリア高気圧の間にできる停滞前線である。

**2** 不快指数は，夏の蒸し暑さを数量的に表した指数で，求め方は何通りかあるが，乾球温度を $Td$〔℃〕，湿球温度を $Tw$〔℃〕，湿度を $H$〔%〕とすると，$0.81Td + 0.01H(0.99Td - 14.3) + 46.3$ で求められる。また，［Ⓑ　　　　］とは，文字どおり熱の島という意味で，都市の中で発生する人工熱（排熱）や大気汚染，建築物などの影響で，都市上空を周囲より高温な空気が島状に覆っている状態をさす。

**3** 2つの温帯低気圧が発達しながら東進し，日本の東海上で1つの低気圧になり，さらに発達することがある（1日で24hPa発達したものを［Ⓒ　　　　］と呼ぶことがある）。しかし，台風と温帯低気圧は発生の過程や構造が異なるため，台風が温帯低気圧を吸収することも，台風が前線を伴うこともない。しかしながら，台風が温帯低気圧や前線を刺激して，集中豪雨などの災害をもたらすことはある。

**4** 冷夏の原因となるのはシベリア高気圧ではなく，オホーツク海高気圧である。夏季にオホーツク高気圧から吹く北東風（［Ⓓ　　　　］とも呼ぶ）は冷涼・湿潤な風であり，海上と沿岸付近，海に面した平野に濃霧を発生させる。

**5** 正しい。夏には地表を［Ⓔ　　　　］の空気が覆う。強い日射は，地表付近の空気塊を急上昇させ，積乱雲を発生，発達させる。この積乱雲に上空の寒気が入り込むと，激しい雷雨となる。

## Point

- □ 夏にオホーツク海高気圧から吹く北東風をやませという。やませは北海道・東北・関東の沿岸部に吹き，やませが続くと冷夏となり，冷害を起こす。
- □ ヒートアイランド現象による強い上昇気流が積乱雲を発生させ，都市部にゲリラ豪雨と呼ばれる突然の集中豪雨が起こることがある。

Ⓐ：停滞前線，Ⓑ：ヒートアイランド，Ⓒ：爆弾低気圧，Ⓓ：やませ，Ⓔ：高温多湿

# 生物界の変遷

## 地球環境と生物界の変遷などに関する記述として，妥当なものはどれか。

平成11年度
国家Ⅰ種

**1** 地球が誕生して最初の時代は~~カンブリア紀~~（先カンブリア時代）と呼ばれ，この時代に地球上の最初の生命であるラン藻類や細菌類が誕生したとされており，また，~~南ヨーロッパ~~（オーストラリア）において~~約3億年前~~（約35億年前）の世界最古の化石が発見されている。

**2** 古生代には，植物ではリンボクなどのシダ植物，動物では三葉虫などの無脊椎動物，肺魚のような魚類など，多くの生物群が出現した。また，~~カンブリア紀に出現したアンモナイト~~などもこの時代に繁栄した。
➡アンモナイトが繁栄したのは中生代である

**3** 中生代には，鳥の祖先と考えられている始祖鳥が出現し，また，ハ虫類は多岐にわたり進化し，陸上では巨大な恐竜類が，空中では翼手竜が，海中では魚竜が繁栄した。植物では，イチョウ，ソテツなどの裸子植物が繁栄した。

**4** 新生代には，中生代末期に絶滅した恐竜に代わって，マンモス，~~イグアナ~~などをはじめとするホ乳類が出現して全盛時代を迎え，また，植物では~~マツ，スギなどの裸子植物~~が全盛となった。
➡イグアナはハ虫類
➡裸子植物は中生代

**5** 地質時代に繁栄したが次第に衰え，現在ではその子孫で，ある限られた地域にだけわずかに生き残っている生物のことを「生きている化石」とも呼んでいるが，シーラカンス，~~ナウマンゾウ~~，オウム貝，オオサンショウウオ，メタセコイヤ，~~ドードー~~などがその例である。
➡すでに絶滅した生物は生きている化石とはいわない

難易度 ★★★ 重要度 ★★★

**1** 地球が誕生したのは46億年前で，最初の年代は先カンブリア時代である。約6億年前の古生代［Ⓐ　　　　］までの地質時代に対応する。最古の生物の化石として確認されたのは，約35億年前のラン藻類である。なお，約3億年前は古生代石炭紀に当たる。

**2** アンモナイトの出現は，古生代シルル紀末期，またはデボン紀中期である。また，繁栄したのは［Ⓑ　　　　］である。海洋に広く分布し，頭足類に分類される。殻を持ち，巻き貝の形をしている。

**3** 正しい。始祖鳥の出現は中生代ジュラ紀である。また，中生代はハ虫類の時代であるが，トリアス紀にハ虫類から恐竜が進化し，ジュラ紀から白亜紀にかけて繁栄した。

**4** ホ乳類は恐竜が繁栄した中生代に出現していたが，恐竜の存在に圧迫され，生存できたのは小型で夜行性のものであった。恐竜が絶滅すると，ホ乳類が急速に発達し，マンモスなどの大型の動物が多数出現した。植物では，中生代に繁栄したマツやスギなどの裸子植物にかわって，［Ⓒ　　　　］が繁栄し，草原が広く発達した。

**5** ナウマンゾウは，約2万年前の更新世後期まで東アジアに生息していたゾウの一種であり，ドードーは，マダガスカル沖，モーリシャス島に生息していた鳥類である。このような生物はすでに絶滅しているので生きている化石とはいわない。シーラカンスは，インド洋に面した南アフリカのコモロ諸島と，インドネシアのスラウェシ島周辺に生息する魚類，オウム貝は，南太平洋からオーストラリア近海に生息する［Ⓓ　　　　］である。また，オオサンショウウオやメタセコイアも現存する生物で生きている化石の一つでもある。

## Point

- □ 現在，鳥の先祖は，中生代の恐竜の一群から進化したものではないかと考えられている。
- □ 中生代末期には，巨大隕石の衝突があり，地球の環境は激変し，中生代を特徴づける生物は絶滅したと考えられる。

Ⓐ：カンブリア紀，Ⓑ：中生代，Ⓒ：被子植物，Ⓓ：軟体動物

# 地層の形成

## 地層の形成に関する次のA～Dの記述のうち，妥当なもののみをすべて挙げているものはどれか。

令和３年度
裁判所

**A** ~~変成作用~~（続成作用）とは，堆積物が上に堆積した地層の重みで次第に水が絞り出され，固結していく際に粒子間に新しく沈殿した鉱物によって接着され，硬い堆積岩に変わっていくことである。

**B** 級化層理とは，混濁流が堆積してできた地層でよく見られる，下から上に向かって粒子が次第に小さくなっていく構造のことである。

**C** ~~不整合~~（断層）とは，岩石に力が加わって生じた割れ目に沿って，その両側が移動し，ずれを生じることである。

**D** 地層累重の法則とは，上にある地層ほど新しく堆積したものになることをいう。

1　A，B
2　A，C
3　B，C
4　B，D
5　C，D

難易度 ★★★　重要度 ★★★

**A** 河川の３作用には侵食作用，運搬作用，堆積作用がある。流水の働きによって岩石が削られて作られた砂や泥，礫をまとめて砕屑物という。これに火山灰が降り積もった火山砕屑物，生物の遺骸が集まったもの，水中で化学的に沈殿したものをまとめて堆積物という。堆積物が長時間かけて固結してできる岩石を堆積岩という。長い時間をかけて堆積物の重みで圧縮，脱水されることで岩石は緻密になる。さらに，炭酸カルシウムや二酸化ケイ素などが粒子間にできると粒子どうしが接着されていく。この過程を［Ⓐ　　　　］という。一方，岩石が高温，高圧力のもとに長時間置かれると岩石中の鉱物がほかの鉱物に変化したり，岩石の組成が変わったりする。これを［Ⓑ　　　　］という。

**B**・**D** 正しい。地層は水中で「水平に」かつ「下位から堆積するため，上位の地層ほど新しい」という法則（［Ⓒ　　　　］の法則）に従う。地層中には，堆積物の堆積過程を示す堆積構造が見られる。水が向きや速さを変えながら砂粒を運ぶと縞模様の［Ⓓ　　　　］（クロスラミナ）の地層表面はリプルマーク（漣痕）と呼ばれ，波を打っている。混濁流によって上部ほど細かな粒となる級化層理（海底まで流れるとタービダイト），スランプ構造，フレーム構造などがある。堆積構造は，地層堆積当時の上下関係を知る手がかりにもなる。

**C** 地殻変動によって形成される地層（岩盤のずれ）には，上盤がずり下がる正断層，ずり上がる逆断層，水平方向にずれる［Ⓔ　　　　］がある。地殻変動は，地層の形成にも影響を与える。水中で堆積した地層が隆起し，地上に出ると風化によって表面が削られ，その状態で再び沈降が起きると新たな地層が堆積する。そのように新たな地層が堆積するまでに長い時間があくと地層と地層の間に不連続面（不整合面）が生じる。

## Point

- ☐ 変成作用には，マグマの貫入による接触変成作用（泥岩や砂岩はホルンフェルス，石灰岩は大理石になる）と広範囲に及ぶ広域変成作用（高温低圧型でモザイク組織の片麻岩，低温高圧型で鉱物が一定方向に並ぶ結晶片岩ができる）がある。
- ☐ 連続的に堆積した重なり方を整合という。

Ⓐ：続成作用，Ⓑ：変成作用，Ⓒ：地層累重，Ⓓ：斜交葉理，Ⓔ：横ずれ断層

# 地質時代

## 地質時代に関する記述として最も妥当なのはどれか。

平成23年度
国家Ⅱ種

**1** 地球は約46億年前に誕生したとされており，地質時代は大きく先カンブリア時代，古生代，中生代，新生代に区分される。このうち約~~20億~~年前まで続いた先カンブリア時代に，カレドニア造山運動などの大きな変動が起こり，~~ほぼ現在の大陸が形成された~~。
5～6億
➡大西洋が形成されたのは中生代白亜紀末と考えられている

**2** 古生代石炭紀には，ロボク，リンボク，~~ウミユリ~~など，高さ20～30mにも達する巨大なシダ植物が大森林を形成し，それらの植物が石炭のもととなった。また，森林ではシダ植物を主な食料とする~~初期の恐竜~~が隆盛した。
➡棘皮動物である
昆虫や両生類

**3** 中生代は古いほうから三畳紀，ジュラ紀，白亜紀の3つに区分される。この時代は，海ではアンモナイト，陸上では恐竜などのハ虫類が隆盛した。また，植物界では裸子植物が優勢であったが，白亜紀には被子植物も繁茂するようになった。

**4** 中生代白亜紀末には，陸上では恐竜類が，海中ではアンモナイトなど多くの動物がほぼ同時に絶滅した。これは白亜紀末に~~氷河期が訪れた~~ことによるものとされており，~~最後の氷河期が終わった~~後の時代を新生代と呼ぶ。
巨大隕石が地上に衝突した
中生代からの穏やかな気候が続いた

**5** 生息していた期間が短く，広い地域に分布していた生物の化石は，地層の地質時代を決めるのに有効であるが，そのような化石を~~示相化石~~と呼ぶ。たとえば，中生代ではアンモナイト，~~三葉虫~~，~~マンモス~~が~~示相化石~~に相当する。
示準化石
➡古生代 ➡新生代 示準化石

難易度 ★☆☆　重要度 ★★★

**1** 最古の大陸は約27億年前にできたと考えられ，それ以降，大陸の離合集散が繰り返し行われ，中生代白亜紀末には古生代ペルム紀に出現した超大陸［Ⓐ　　　　　］の分裂で大西洋が出現した。この離合集散は現在も続いていると考えられている。

**2** 古生代デボン紀中頃にはシダ植物が大型化し，石炭紀になるとロボクやリンボク，フウインボクが繁茂して森林を形成した。この頃の動物は，海では紡錘虫（フズリナ）や［Ⓑ　　　　　］などが栄え，陸上では両生類のほかに大型の昆虫やハ虫類が現れた。

**3** 正しい。中生代には，アンモナイトなどの新しいタイプの生物が現れた。陸上では恐竜が出現し，裸子植物が全盛期を迎える。原始的なホ乳類も出現し，さらに，［Ⓒ　　　　　］がハ虫類（恐竜）から分化し，被子植物も出現している。

**4** 中生代のジュラ紀から白亜紀にかけては温暖な気候が続いた。このため，海面水準が高く生物量も多かったため，地層中に大量の有機物が埋蔵され，［Ⓓ　　　　　］のもととなった。このような温暖な気候の中で，動物の絶滅が起こったのは，地球の環境を激変させる出来事があったためで，直径10kmほどの隕石が地球に衝突したと考えられている。

**5** 生息期間が短く，広い範囲で発見される化石は，各地で堆積した地層の時代を決定するのに役立つ。このような化石を［Ⓔ　　　　　］という。これに対して，現存の生物のうち，限られた環境で生息する生物の化石は，その古生物も同様の環境で生息していたと考えられ，地層が堆積した当時の環境を知るのに役立つ。このような化石を［Ⓕ　　　　　］という。

## Point

- □ 最古の化石は35億年前の先カンブリア時代の地層から発見された細菌やシアノバクテリアのものであると考えられている。
- □ 古生代カンブリア紀から今日まで，5回の大量絶滅があった。5回目の絶滅はほぼ隕石の衝突と考えられているが，その他の絶滅については，気候変動，地球内部の変動（プルームなど）はっきりしない。

Ⓐ：パンゲア，Ⓑ：魚類，Ⓒ：鳥類，Ⓓ：石油，Ⓔ：示準化石，Ⓕ：示相化石

# 地球の形成

## 地球に関する以下の記述のうち，最も妥当なのはどれか。

平成29年度
警察官

**1** 約46億年前に微惑星が衝突を繰り返して地球が形成された際，地球の材料となった微惑星に含まれていた~~酸素や窒素~~が気体として放出され，現在のような酸素の豊富な大気が作られた。

主に二酸化炭素や水蒸気
その後の生物活動により

**2** 約46億年前に誕生した地球は，微惑星の衝突による多量の熱でマグマオーシャンの状態であったが，微惑星の減少とともに地球は冷え始め，約40億年前までに~~金属鉄に富む縞状鉄鉱層~~が大規模に形成された。

➲核とそれを覆うマントルによる，地球内部の層構造

**3** 約46億年前から5億4200万年前までの時代を~~カンブリア時代~~といい，~~この時代の化石は多く産出され，地球や生命の進化を明らかにしている~~。

先カンブリア時代
➲カンブリア紀以降の説明になっている

**4** 約25億年前までにはシアノバクテリアと呼ばれる原核生物が出現しており，シアノバクテリアの活動によって固まってできた構造物をストロマトライトという。

**5** 約7億年前には地球の平均気温が約－40～－50℃まで低下して地球全体が厚い氷に覆われていたが，この時代に~~恐竜などの脊椎動物は絶滅~~した。

➲恐竜の絶滅は6600万年前の隕石の衝突による気候変動が原因とされている

難易度 ★★★　重要度 ★★★

**A** 約46億年前に地球が形成された際の原始大気には，酸素はほとんど含まれず，二酸化炭素や水蒸気が主成分であった。酸素が生成されたのは，地球が冷えて海洋が形成され，光合成を行う生物である[Ⓐ　　　　]の活動によるものである。

**B** 微惑星の衝突による熱でマグマオーシャンの状態であった地球では，重い金属と軽い岩石の分離が起こった。金属成分は地球の中心に集積して[Ⓑ　　　　]として，岩石成分は核を覆う[Ⓒ　　　　]として，地球内部に層構造を形成した。

**C** 原始地球の形成から5億4200万年前までの期間は[Ⓓ　　　　]と呼ばれる。地球はこの時代に冷えて固まり，海洋が出現して，原始的な生命が出現した。化石として後世に残る，硬い殻を持つ生物が出現したのは，5億4200万年前よりもあとの時代である。

**D** 正しい。約25億年前までに出現した光合成を行う生物である[Ⓐ　　　　]の活動により，大気から二酸化炭素が減って酸素が増え，海中の酸素が[Ⓔ　　　　]と結合することで，大規模な[Ⓕ　　　　]を形成した。海中の酸素濃度が高まったことにより，生物の中には酸素をエネルギーとして利用するものも出てきた。

**E** 約7億年前に地球上に存在し，全球凍結によって絶滅に追い込まれたとされるのは，まだ硬い殻や骨格を持たない生物である。恐竜などが絶滅したのは6600万年前の[Ⓖ　　　　]であり，隕石の衝突による地球環境の大規模な変化が原因とされている。

## Point

- ☐ 宇宙空間で重力によって集積された微惑星が衝突して惑星を成し，それが冷えて固まる過程で重たい元素が沈み，地球の層構造が形成された。
- ☐ 冷えて固まると，大気と海洋が形成され，海中に生物が誕生した。
- ☐ シアノバクテリアは二酸化炭素を消費し，酸素を作った。酸素の生成により，海中の鉄が沈殿し，生物は進化の道をたどることになる。

Ⓐ：シアノバクテリア，Ⓑ：核，Ⓒ：マントル，Ⓓ：先カンブリア時代，Ⓔ：鉄，Ⓕ：縞状鉄鉱層，Ⓖ：中生代白亜紀末

# 化石

## 化石に関する次のA～Eの記述のうち，適当なもののみをすべて挙げているのはどれか。

平成17年度
裁判所

**A** 化石とは，岩石や地層中に保存された過去の生物の遺骸やその痕跡をいい，歯でかんだ跡，足跡，はい跡，巣穴もすべて化石である。

**B** 動物の骨，歯，爪など硬い組織でできているものは化石として残りやすいが，植物は化石として~~残ることはない~~。
残ることがある

**C** 示準化石とは，各地質年代に特徴的な化石であり，地層の堆積年代の決定などに用いられている。~~進化の速度が遅く，生存期間が長く，限られた範囲にのみ分布していたような生物~~が示準化石として適している。
➡示準化石として適さない条件である

**D** 示相化石とは，地層の堆積した環境を知る手がかりとなる化石である。造礁サンゴのように，特定の環境の中で生活し，死後の移動がなく，その場で埋没するような生物が示相化石として適している。

**E** これまでに発見された最古の化石は，炭素でできた微細な球状および糸状の物体のもので，およそ~~5億年前の古生代のカンブリア紀~~の地層の中から発見されている。
約35億年前の先カンブリア時代

1…… A，B，E
2…… A，C，E
3…… A，D
4…… B，D，E
5…… C，D

難易度 ★★★　重要度 ★★★

**A** 正しい。化石は，生物体それ自体だけでなく生物活動の跡となるものも［Ⓐ　　　　　］といわれ，化石の一種である。足跡，はい跡，巣穴などは，生物本体の化石ではわからない，その生物の行動様式などを知ることができる。

**B** 植物も，葉，種子，果実，幹などの化石が存在する。強く圧縮されて薄いフィルム状になった圧縮化石，もとの植物の組織が変質の影響で消失し，外形や葉脈などの印象のみが残された印象化石，植物の細胞の成分がマグマからの熱水や地下水に含まれていた珪酸，炭酸カルシウムなどにより置き換えられた鉱化化石などである。なお，石炭も植物化石の一種であり，石油・天然ガスとともに［Ⓑ　　　　　］と呼ばれる。

**C** 示準化石の条件は，現存しないもの，短い年代によって形態に大きな変化が生じたもの，地質時代ごとに形態が異なっているもの，［Ⓒ　　　　　］が広く，多数発見されるものなどである。

**D** 正しい。示相化石の条件は，生息条件が限定されていること，現存の種と比べたとき［Ⓓ　　　　　］についてある程度の推察が可能であること，現地性（死後の移動がない）のものであることなどである。

**E** 化石で残されている最古の生物は，西オーストラリアの約35億年前の地層から発見された［Ⓔ　　　　　］と，ラン藻類らしきものである。したがって，先カンブリア時代である。

よって，**A**と**D**が正しいから，**3**が正答である。

## Point

- ☐ 化石は堆積岩の中で発見され，火成岩から発見されることはないが，大理石のように，堆積岩が編成を受けたものの中にも発見されることがある。
- ☐ 化石を含む地層がどのような環境条件下で堆積したのかを明確に示すことができるものを示相化石という。

Ⓐ：生痕化石，Ⓑ：化石燃料，Ⓒ：分布領域，Ⓓ：生息環境，Ⓔ：細菌

**●本書の内容に関するお問合せについて**

本書の内容に誤りと思われるところがありましたら，まずは小社ブックスサイト（jitsumu. hondana. jp）中の本書ページ内にある正誤表・訂正表をご確認ください。正誤表・訂正表がない場合や訂正表に該当箇所が掲載されていない場合は，書名，発行年月日，お客様の名前・連絡先，該当箇所のページ番号と具体的な誤りの内容・理由等をご記入のうえ，郵便，FAX，メールにてお問合せください。

〒163-8671　東京都新宿区新宿 1-1-12　実務教育出版　第二編集部問合せ窓口
FAX：03-5369-2237　E-mail：jitsumu_2hen@jitsumu.co.jp

【ご注意】
※電話でのお問合せは，一切受け付けておりません。
※内容の正誤以外のお問合せ（詳しい解説・受験指導のご要望等）には対応できません。

編集協力　群企画／エディポック
カバーデザイン　サイクルデザイン
本文デザイン　サイクルデザイン
イラスト　アキワシンヤ

上・中級公務員試験
**過去問ダイレクトナビ 生物・地学**

2021年12月10日　初版第1刷発行

編者●資格試験研究会
発行者●小山隆之
発行所●株式会社 実務教育出版
〒163-8671　東京都新宿区新宿1-1-12
TEL●03-3355-1812（編集）03-3355-1951（販売）
振替●00160-0-78270

組版●群企画／エディポック　印刷●文化カラー印刷　製本●ブックアート


ISBN 978-4-7889-4674-3 C0030 Printed in Japan

## 重要科目の基本書

公務員試験に出る専門科目について、初学者でもわかりやすく解説した基本書の各シリーズ。
「はじめて学ぶシリーズ」は、豊富な図解で、難解な専門科目もすっきりマスターできます。

**はじめて学ぶ 政治学**
加藤秀治郎著●定価1175円

**はじめて学ぶ 国際関係 [改訂版]**
高瀬淳一著●定価1320円

**はじめて学ぶ ミクロ経済学 [第2版]**
幸村千佳良著●定価1430円

**はじめて学ぶ マクロ経済学 [第2版]**
幸村千佳良著●定価1540円

どちらも公務員試験の最重要科目である経済学と行政法を、基礎から応用まで詳しく学べる本格的な基本書です。大学での教科書採用も多くなっています。

**経済学ベーシックゼミナール**
西村和雄・八木尚志共著●定価3080円

**経済学ゼミナール 上級編**
西村和雄・友田康信共著●定価3520円

**新プロゼミ行政法**
石川敏行著●定価2970円

苦手意識を持っている受験生が多い科目をピックアップして、初学者が挫折しがちなところを徹底的にフォロー！やさしい解説で実力を養成する入門書です。

**最初でつまずかない経済学 [ミクロ編]**
村尾英俊著●定価1980円

**最初でつまずかない経済学 [マクロ編]**
村尾英俊著●定価1980円

**最初でつまずかない民法Ⅰ [総則／物権 担保物権]**
鶴田秀樹著●定価1870円

**最初でつまずかない民法Ⅱ [債権総論・各論 家族法]**
鶴田秀樹著●定価1870円

**最初でつまずかない行政法**
吉田としひろ著●定価1870円

**最初でつまずかない数的推理**
佐々木 淳著●定価1870円

## 基本問題中心の過去問演習書

ライト感覚で学べ、すぐに実戦的な力が身につく過去問トレーニングシリーズ。地方上級・市役所・国家一般職［大卒］レベルに合わせて、試験によく出る基本問題を厳選。素早く正答を見抜くポイントを伝授し、サラッとこなせて何度も復習できるので、短期間での攻略も可能です。

**★公務員試験「スピード解説」シリーズ** 資格試験研究会編●定価1650円

**スピード解説 判断推理**
資格試験研究会編 結城順平執筆

**スピード解説 数的推理**
資格試験研究会編 永野龍彦執筆

**スピード解説 図形・空間把握**
資格試験研究会編 永野龍彦執筆

**スピード解説 資料解釈**
資格試験研究会編 結城順平執筆

**スピード解説 文章理解**
資格試験研究会編 饗庭 悟執筆

**スピード解説 憲法**
資格試験研究会編 鶴田秀樹執筆

**スピード解説 行政法**
資格試験研究会編 吉田としひろ執筆

**スピード解説 民法Ⅰ [総則／物権 担保物権] [改訂版]**
資格試験研究会編 鶴田秀樹執筆

**スピード解説 民法Ⅱ [債権総論・各論 家族法] [改訂版]**
資格試験研究会編 鶴田秀樹執筆

**スピード解説 政治学・行政学**
資格試験研究会編 近 裕一執筆

**スピード解説 国際関係**
資格試験研究会編 高瀬淳一執筆

**スピード解説 ミクロ経済学**
資格試験研究会編 村尾英俊執筆

**スピード解説 マクロ経済学**
資格試験研究会編 村尾英俊執筆

選択肢ごとに問題を分解し、テーマ別にまとめた過去問演習書です。見開き２ページ完結で読みやすく、選択肢問題の「引っかけ方」が一目でわかります。「暗記用赤シート」付き。

**一問一答 スピード攻略 社会科学**
資格試験研究会編●定価1430円

**一問一答 スピード攻略 人文科学**
資格試験研究会編●定価1430円